Collection « L'esprit économique »

fondée par Sophie Boutillier et Dimitri Uzunidis en 1996
dirigée par Sophie Boutillier, Blandine Laperche, Dimitri Uzunidis

Si l'apparence des choses se confondait avec leur réalité, toute réflexion, toute Science, toute recherche serait superflue. La collection « L'esprit économique » soulève le débat, textes et images à l'appui, sur la face cachée économique des faits sociaux : rapports de pouvoir, de production et d'échange, innovations organisationnelles, technologiques et financières, espaces globaux et microéconomiques de valorisation et de profit, pensées critiques et novatrices sur le monde en mouvement...
Ces ouvrages s'adressent aux étudiants, aux enseignants, aux chercheurs en sciences économiques, politiques, sociales, juridiques et de gestion, ainsi qu'aux experts d'entreprise et d'administration des institutions.

La collection est divisée en six séries :

Dans la série *Economie et Innovation* sont publiés des ouvrages d'économie industrielle, financière et du travail et de sociologie économique qui mettent l'accent sur les transformations économiques et sociales suite à l'introduction de nouvelles techniques et méthodes de production. L'innovation se confond avec la nouveauté marchande et touche le cœur même des rapports sociaux et de leurs représentations institutionnelles.

La série *Economie formelle* a pour objectif de promouvoir l'analyse des faits économiques contemporains en s'appuyant sur les approches critiques de l'économie telle qu'elle est enseignée et normalisée mondialement. Elle comprend des livres qui s'interrogent sur les choix des acteurs économiques dans une perspective macroéconomique, historique et prospective.

Dans la série *Le Monde en Questions* sont publiés des ouvrages d'économie politique traitant des problèmes internationaux. Les économies nationales, le développement, les espaces élargis, ainsi que l'étude des ressorts fondamentaux de l'économie mondiale sont les sujets de prédilection dans le choix des publications.

La série *Krisis* a été créée pour faciliter la lecture historique des problèmes économiques et sociaux d'aujourd'hui liés aux métamorphoses de l'organisation industrielle et du travail. Elle comprend la réédition d'ouvrages anciens, de compilations de textes autour des mêmes questions et des ouvrages d'histoire de la pensée et des faits économiques.

La série *Clichés* a été créée pour fixer les impressions du monde économique. Les ouvrages contiennent photos et texte pour faire ressortir les caractéristiques d'une situation donnée. Le premier thème directeur est : mémoire et actualité du travail et de l'industrie ; le second : histoire et impacts économiques et sociaux des innovations.

La série *Cours Principaux* comprend des ouvrages simples, fondamentaux et/ou spécialisés qui s'adressent aux étudiants en licence et en master en économie, sociologie, droit, et gestion. Son principe de base est l'application du vieil adage chinois : « le plus long voyage commence par le premier pas ».

QUAND LES STATISTIQUES MINENT LA FINANCE ET LA SOCIÉTÉ

5-7, rue de l'École-Polytechnique, 75005 Paris

http://www.editions-harmattan.fr

ISBN : 978-2-343-15216-5
EAN : 9782343152165

Sylvestre Frézal

Quand les statistiques minent la finance et la société

Risque, responsabilité et décision

L'Harmattan

Du même auteur :

Modèles et mesures, Eléments d'épistémologie économique, *Ellipses*, 2010.

« Toute sa vie, il s'était ébahi de cette faculté qu'ont les idées de s'agglomérer froidement comme des cristaux en d'étranges figures vaines, de croître comme des tumeurs dévorant la chair qui les a conçues [...]. Bon nombre des produits de l'esprit n'étaient eux aussi que de difformes veaux-de-lune. D'autres notions, plus propres et plus nettes, forgées comme par un maître ouvrier, étaient de ces objets qui font illusion à distance ; on ne se lassait pas d'admirer leurs angles et leurs parallèles ; elles n'étaient néanmoins que des barreaux dans lesquels l'entendement s'enferme lui-même, et la rouille du faux mangeait déjà ces abstraites ferrailles. »

M. Yourcenar, L'Œuvre au noir.

Table des matières

Introduction

« Cela ne vaut rien, ça n'est même pas faux. »
Wolfgang Pauli (pape de la mécanique quantique)

Il y a 10 ou 20 ans, des petites vignettes étaient collées sur les portes des RER avec la mention « il est puissant, il va vite, il est silencieux », pour rappeler qu'aller sur les voies n'était pas une excellente idée. Les outils mathématiques sont pareils. Ils sont puissants : ayant un large spectre, ils s'appliquent à beaucoup de situations différentes. Ils vont vite : comme le disait Paul Valéry, les maths, c'est « du raisonnement mis en conserve ». Ils sont silencieux : le concept mathématique en lui-même est discret, l'enjeu pour l'utilisateur étant avant tout dans l'utilisation et l'interprétation adaptée à son problème.

Et comme un RER lancé sur ses rails, la puissance des outils mathématiques est aveugle : on peut les appliquer dans des domaines où ils sont dépourvus de sens. Cela ne les empêchera pas d'aller vite : ils seront donc fonctionnels pour les équipes animées d'une « mentalité solution », confrontées à un pseudo-manager qui veut qu'on lui apporte « une solution et pas un problème ». Et ils resteront silencieux, ne se rebiffant pas contre ce qu'on leur fait dire en dehors de leur champ de pertinence.

Prenons un exemple : l'addition, concept précieux. Une pomme plus une pomme, cela fait deux pommes à croquer. Facile. J'en déduis qu'un kilo de pommes plus un kilo de poires font deux kilos de fruits. Puissant. Et j'en déduis qu'un kilo de pomme plus une pizza font deux unités de nourriture ? Et pourquoi pas plutôt une pomme plus une tranche de pizza ? Même pas faux.

Même pas faux… juste dépourvu de sens.

*****

Ces concepts « même pas faux » se rencontrent généralement lorsqu'on a trop théorisé et qu'on se retrouve coupé du concret, du tangible. C'est le cas du risque. Le risque (par souci de clarté, nous essaierons de bannir ce mot-caméléon par la suite, mais conservons-le pour l'instant avec son sens usuel) est particulièrement difficile à « mettre en conserve ». De fait, face au risque, on *ne sait pas* ce qu'il va se passer. La diversité du champ des possibles et le fait que ceux-ci s'excluent les uns des autres sont constitutifs de la notion de risque : on ne va pas avoir d'accident OU on va en avoir (et si on le savait, on ne prendrait alors pas notre voiture). Mais la disjonction de cas est un enfer : le caractère *contingent* d'un phénomène complique tout et est un frein à l'industrialisation des process, à l'universalisation des analyses. Tant les scientifiques que les décideurs s'efforceront donc de s'affranchir de cette disjonction de cas… qui est pourtant l'essence même du risque. Pour parvenir à dissimuler cette alternative, une couche de théorisation va être nécessaire, sous la forme des outils statistiques.

Leur vertu ? Compacifier l'information, la réduire à un ou quelques chiffres : une moyenne, une dispersion. *Cela permet de faire disparaître l'alternative* : nous faisons désormais face à des chiffres *déterministes*. Lorsqu'on tire à pile ou face, au lieu de se dire fébrilement « je ne sais pas si je vais gagner 1 ou perdre 1 », on peut se dire, avec calme et certitude : « je sais que mon central est 0 et ma dispersion 1 ». Le médecin ne sait pas si vous allez avoir un cancer ou non ? Mais il peut vous dire avec aplomb « vous avez une probabilité 1/3 de développer un cancer » (ce qui ne change sans doute pas grand-chose à ce que vous feriez s'il vous disait que vous avez une probabilité 1/5).

Pour l'analyste et pour le décideur, c'est terriblement rassérénant. Transformer un champ de possibles en un chiffre, c'est donc avant tout un soutien psychologique considérable : cela fait disparaître l'incertain, l'indécidabilité, cela permet d'oublier que, fondamentalement, *on ne sait pas*.

Bien sûr, il y a un prix à payer. Cette illusion nous éloigne de la réalité, de l'appropriation de la situation dans laquelle nous sommes plongés. Cela se traduit par le fait que nous ne comprenons plus bien de quoi nous parlons. Par exemple, tel Professeur d'*Imperial College* qui écrit qu'en finance, le risque peut être mesuré par un indicateur qui… ne le mesure pas : « *Le risque d'un portefeuille boursier peut être mesuré par un indicateur simple [qui] mesure l'ordre de grandeur des fluctuations typiques […]. Mais si le but est de quantifier le risque d'un portefeuille, ce ne sont pas les variations typiques qui comptent* »[1].

Ces concepts, ces outils, ces mesures, vont devenir totalement intangibles. Virtuels au point que ceux qui les utilisent ne parviennent plus à les décrire… Ainsi, un article sur les risques financiers se croit obligé de définir cinq fois de suite une grandeur statistique pour espérer que le lecteur la comprenne : « *l'exigence de capital est calibrée pour assurer une probabilité de survie de 99,5% sur un an.* ***En d'autres termes****, l'autorité de contrôle accepte 0,5% de chances qu'une compagnie d'assurance ne parvienne pas à couvrir ses engagements à horizon un an.* ***Dit autrement****, seul un événement d'une probabilité annuelle de 1/200 doit avoir le potentiel de détruire un assureur.* ***Pour clarifier****, la probabilité qu'un assureur fasse défaut dans les 12 mois doit à chaque instant rester sous le seuil de 0,5%.* ***D'un point de vue technique****, estimer l'exigence de capital revient à calculer une Valeur en risque à 1 an à 99,5%.* »[2]. Et malgré cette belle répétition de la définition mathématique… ni les régulateurs financiers ni les organismes contrôlés ne savent aujourd'hui, après 15 années d'itérations, de négociations et de clarifications, comment calibrer cet indicateur ![3] Ce qui est normal, au fond, puisqu'on est incapable de l'interpréter concrètement.

Cette incapacité à décrire concrètement ces mesures est un indice du fait qu'il y a un problème. Cela trahit le fait que ces concepts ont certes une existence mathématique, mais qu'ils n'ont pas de pertinence opérationnelle ni scientifique. La puissance des mathématiques nous a dépassés. Dans ses Métamorphoses, Ovide raconte l'histoire de Pygmalion, excellent sculpteur chypriote tombé amoureux de son chef d'œuvre, Galatée, au point qu'il demanda à Aphrodite de la transformer en femme afin de l'épouser. Certains se sont rêvés Pygmalion, pensant parvenir, par des outils de plus en plus fins, à forger des modèles plus vrais que nature, à quantifier le risque de façon si fine que tout serait connu. Nous nous réveillons progressivement (ou parfois brutalement) face non à Galatée, mais à Frankenstein : des concepts que nous ne maîtrisons pas, des outils que nous ne comprenons plus.

*****

La façon dont nous nous laissons ainsi abuser par le formalisme mathématique et son histoire seront présentées dans le premier chapitre. Le deuxième exposera quelques exemples concrets de champs où les statistiques sont utilisées à tort : décision individuelle, investissements, choix sociaux d'équilibre entre solidarité et responsabilité, ou encore décision publique. Le troisième chapitre tentera de comprendre pourquoi cet outil reste utilisé aujourd'hui alors qu'il n'améliore pas, voire dégrade, la qualité de la prise de décision. Enfin, nous verrons quels outils alternatifs devraient être mis en place pour améliorer nos prises de décision en incertain. Précisons brièvement le contenu de chacun de ces chapitres.

Au début du vingtième siècle, Marcel Duchamp, avec ses *ready-made*, a transposé des objets de la vie quotidienne en œuvres d'art. Le premier chapitre explique en quoi les statistiques sont ainsi pareilles à son urinoir : dans certains domaines (caractériser les foules, ce que nous allons appeler les situations « plurielles ») elles sont très utiles ; dans d'autres (gérer les risques, ce que nous allons appeler les situations « aléa ») elles relèvent davantage de l'œuvre d'art. Alors, comme les œuvres d'art, elles peuvent être jugées belles et subtiles (ou non), elles peuvent exiger une profonde créativité voire des compétences techniques acérées, elles font souvent réfléchir, peuvent se vendre très bien et permettre de construire des carrières ; et pourtant, elles sont vides de sens opérationnel.

Face à l'incertain, admirez les statistiques et les probabilités si vous en avez le temps et l'envie, mais ne les utilisez pas !

Le deuxième chapitre présente successivement plusieurs champs d'applications. Le premier est un cas d'application concrète de mauvaises recommandations issues de ces outils : la sphère financière, où les outils statistiques ont participé aux dernières crises et alimentent les prochaines. Ils sont utilisés par les banques, les assureurs ou les fonds de pension pour choisir comment placer leurs centaines de milliards d'euros d'investissements, ou pour communiquer et vendre aux consommateurs leurs produits d'épargne. De plus en plus, ils sont également utilisés par les régulateurs dans l'espoir d'améliorer la gestion des risques dans les industries financières. Cet exemple, concret mais technique, montre que les statistiques n'apportent en réalité aucune objectivité à la prise de décision. Au contraire, elles tendent à fausser la perception de la situation, à altérer la qualité des prises de décision, et à dégrader la gouvernance en dissolvant les responsabilités.

Nous nous intéressons ensuite à la matrice théorique de ces outils en analysant la façon dont la science économique appréhende le risque. Les statistiques sont ici utilisées pour édicter des recommandations et expliquer comment prendre des décisions rationnelles en incertain. Nous montrons que ces outils opèrent un découpage totalement arbitraire entre l'optimum « rationnel » et les soi-disant « biais psychologiques » : ne pas utiliser ces outils, ne pas suivre leurs conclusions, est tout sauf irrationnel.

Nous poursuivons avec un enjeu social en abordant la question du « juste prix » d'une assurance : les tarifs sont de plus en plus précis et pourraient désormais devenir personnalisés, avec les progrès du *big data* et de la génomique. Mais l'utilisation des statistiques soulève ici la question de l'équilibre entre discrimination et solidarité. Le débat entre les Etats-Unis et l'Europe est intéressant : moralement, ils partagent ici un même objectif de limitation des « injustices », mais concrètement, ils adoptent des positions diamétralement opposées, contradictoires, pour l'atteindre. Pourquoi ? Quel point de vue est légitime ? Ici encore, pour répondre, il faut clarifier les liens entre risques et statistiques.

Enfin, nous abordons un cadre plus général et nous voyons comment notre déconstruction de l'usage des statistiques pour faire face à l'incertain peut également être mise à contribution pour améliorer la prise de décision publique et les débats de société associés, tels que les OGM ou le nucléaire.

Alors que les statistiques peuvent dégrader la prise de décision et qu'il est aisé de s'en rendre compte, ces outils sont largement utilisés aujourd'hui en dehors de leur champ de pertinence. Pourquoi ? C'est l'objet du troisième chapitre.

Plusieurs pistes sont susceptibles d'expliquer leur pouvoir de séduction auprès des experts et des décideurs, ainsi que leur capacité de colonisation de nouveaux secteurs. La principale est qu'ils sont, tout simplement, pratiques. Absurdes et dangereux mais pratiques, comme un mur posé au milieu de nulle part sans la moindre fondation, qui pourrait s'écrouler à la plus légère brise mais qu'un enfant trouverait pratique pour se protéger du soleil. Nous verrons ainsi comment, si ces outils sont précieux, c'est par leur fonctionnalité psychologique de rassurance et par leur capacité rhétorique permettant de (se) justifier et de dissoudre les responsabilités.

Enfin, dans le quatrième chapitre, nous verrons qu'une option alternative peut être développée pour analyser et décider en situation d'incertitude. Une méthode qui nous contraindra à être moins ambitieux dans nos analyses, mais nous permettra d'être plus pertinents dans nos décisions. Une méthode qui passe par l'acceptation de l'ignorance du futur comme essence même de la décision en incertain, qui oblige à accepter la subjectivité du décideur, à la revendiquer pour éviter qu'elle ne soit tacitement déléguée à l'expert, à restaurer la responsabilité. Une méthode individuellement plus difficile mais collectivement plus saine…

Avant de plonger, reprenons en guise d'apéritif ou de mise en garde ces quelques mots de Keynes qui s'appliquent parfaitement ici :

> « *Les idées si laborieusement expliquées ici sont extrêmement simples et devraient être évidentes. La difficulté n'est pas de comprendre les idées nouvelles, elle est d'échapper aux idées anciennes qui ont poussé leurs ramifications dans tous les recoins de l'esprit des personnes ayant reçu la même formation que la plupart d'entre nous.* »[4]

Le cadre : naviguer entre aléa et pluralité

"un des plus beaux pièges de la physique théorique consiste à placer un symbole ou une variable pertinente dans le cadre de GR à l'intérieur d'une équation portant sur GH - ou vice versa - et de laisser l'étudiant se dépatouiller avec. Il y a de bonnes chances que le malheureux tombe dans le piège et le plus souvent, il y reste, suant et soufflant, avec apparemment rien qui ne colle, jusqu'à ce qu'une âme charitable vienne le tirer d'embarras."

I. Asimov, Fondation, tome 4 (p247)

Le problème

> Le jugement de Salomon – Le nœud – Une question de point de vue – Avec des si, on mettrait Paris en bouteille

Le jugement de Salomon

Les économistes et les financiers ont-ils soit trop, soit trop peu de culture religieuse ? Ou à la fois trop et trop peu ? Ils ont entendu parler du jugement de Salomon, mais ne sont pas allés jusqu'à la fin de l'histoire. Rappelons-la brièvement : deux femmes revendiquent un nourrisson ; le roi ne peut savoir qui est la mère. Aussi, dans son immense sagesse, guidé par un souci de justice, il saisit son glaive pour le couper en deux et donner à chaque prétendante une moitié d'enfant...

Nos théoriciens et leurs ouailles se sont arrêtés là : couper la poire en deux, c'est juste, c'est *fair*, c'est pertinent.

Mais l'histoire n'est pas terminée : c'était une ruse ! En réalité, l'une des prétendantes abandonne immédiatement sa demande ; Salomon sait alors que celle-ci, privilégiant la vie de l'enfant au fait d'en avoir « sa part », est la vraie mère et lui rend l'enfant, entier, bien vivant. L'autre n'a rien.

Salomon a tranché : il a pris une décision ; il n'a pas tranché l'enfant.

Inversement, j'ai déjà eu affaire à des professionnels qui, face à un choix d'investissement, voulaient couper la poire en deux.

Le problème était le suivant :

- soit nos clients paniquent et souhaiteront récupérer leur épargne : nous devrons sortir dix milliards en un ou deux mois, ce qu'on ne peut faire qu'avec une dizaine de milliards de trésorerie ;
- soit il n'y a pas de panique, et il est inenvisageable que les retraits dépassent le milliard d'euros dans l'année, ce qu'on sait gérer sans trésorerie : il serait alors stupide de placer l'argent en trésorerie, car cela ne rapporte rien – dix milliards de trésorerie inutile représenteraient un manque à gagner considérable.

Que voulaient faire nos financiers ? Placer cinq milliards en trésorerie. Alors qu'il n'y a pas de demi-panique ! Soit on veut se prémunir contre une panique, et on garde dix milliards de cash, soit on est serein, et on investit tout. Garder cinq milliards, c'est la double certitude qu'on ne survivra pas à une panique, et qu'on aura un manque à gagner si tout va bien.

Trop souvent, en situation d'incertitude, on a ainsi recours à des statistiques pour décider. Or décider, c'est choisir, ce n'est pas couper la poire en deux. Les gens paniquent ou ne paniquent pas, et on ne peut pas synthétiser cela en disant qu'ils paniquent à moitié. Pourtant, tous les concepts des économistes qui réfléchissent à la prise de décision, tous les outils que les consultants et les fonds de gestion tentent de vendre aux investisseurs, reposent sur cette pseudo équivalence.

Quel est le problème ? Quelles en sont les conséquences ?

Le noeud

Etre en situation *d'aléa*, c'est faire face à un événement ayant plusieurs issues possibles et qui, demain, ne se produira qu'une fois (ou un faible nombre de fois), par exemple jouer à la roulette russe.

Etre en situation *plurielle*, c'est faire face à un événement ayant plusieurs issues possibles et qui, demain, va se produire un grand nombre de fois, par exemple quand un casino organise de nombreuses parties de roulette.

Dans un cas, nous faisons face à l'inconnu : une unique issue, que nous ne connaissons pas, et que nous devrons gérer. Dans l'autre cas, il n'y a pas de surprise : par la grâce des statistiques et de la « loi des grands nombres », nous savons (à une marge d'erreur près, comme toujours) quel sera le résultat global.

Ce sont deux phénomènes de nature différente : l'un est fondamentalement aléatoire. L'autre, au fond, est déterministe.

Une question de point de vue

Un même objet peut correspondre à des phénomènes de nature différente. Considérons par exemple un glacier. Pour le géologue qui analyse l'écoulement de la langue glacière dans une vallée, la bonne description est celle d'un fluide visqueux. Pour l'alpiniste qui en escalade une crevasse, la bonne description est celle d'un solide. Le glacier, huile ou granit ? Cela dépend de l'observateur. Et la modélisation mathématique doit alors différer. Pour beaucoup de phénomènes, leur nature aléa ou plurielle dépend pareillement du point de vue.

Ainsi, imaginons un assureur et un assuré s'apprêtant à signer un contrat : 10 000€ d'indemnisation pour pouvoir se soigner en cas de cancer. Aux yeux de l'assuré, le fait d'avoir un cancer ou non relève de l'aléa. Mais l'assureur, qui a un million de clients, sait à l'avance, à peu près, combien d'entre eux il devra indemniser : pour lui la signature du contrat relève de la pluralité.

Dans les domaines économiques et financiers, contrairement à ce qui se pratique en physique, on utilise les mêmes outils mathématiques pour décrire ces situations différentes : des indicateurs statistiques, tels qu'une espérance et un écart-type, ou les probabilités associées. Pour reprendre l'exemple de notre assureur et de son assuré, on aura tendance à considérer dans les deux cas que l'assuré a une chance sur dix d'avoir un cancer, donc que le remboursement moyen est de mille euros. Du point de vue de l'assureur qui souhaite être rentable, cette moyenne est une information importante. Mais du point de vue de l'assuré, a-t-elle du sens ?

Reprenons la métaphore du glacier. On pourrait être tenté de penser que le géologue a davantage de recul, une information sur le temps long, et que sa vision est donc plus pertinente dans l'absolu, qu'il apportera des éléments intéressants à l'alpiniste en lui expliquant qu'on peut considérer le glacier comme un fluide. C'est faux. L'alpiniste a besoin d'une information adaptée à sa situation (tel bloc est-il sûr ou doit-il être contourné ?), et l'information sur la viscosité de la glace dans le temps long ne l'est pas. Ce n'est pas parce que le géologue a davantage de profondeur d'analyse que sa vision sera plus objective et permettra à l'alpiniste de prendre une décision rationnellement meilleure. S'il faut conseiller l'alpiniste sur son matériel, il ne serait sans doute pas pertinent de lui déclarer que, du fait de son recul plus important, le géologue a une compréhension du phénomène meilleure *dans l'absolu* et que par conséquent il faut considérer la glace comme un fluide et s'habiller d'une combinaison de plongée. De la même façon, il n'est pas évident que l'information statistique fournie par le recul de l'assureur (« Vous avez une chance sur 10 d'avoir un cancer ») soit pertinente pour l'assuré qui fait face au risque et doit prendre la décision de s'assurer ou non. L'utilisation indifférenciée de cet outil mathématique est-elle légitime, ou bien sommes-nous en train d'utiliser une même équation pour décrire la fluidité de l'huile et la dureté du granit ?

Avec des si, on mettrait Paris en bouteille

Pour y répondre, le mieux est d'essayer d'expliquer la notion d'espérance intuitivement. Il y a alors une différence de taille.

Lorsqu'il s'agit de pluralité, on peut expliquer cette notion sans utiliser le terme « si » dans la phrase. Par exemple, pour un assureur, le coût moyen est le coût total divisé par le nombre d'assurés.

En revanche, lorsqu'il s'agit d'aléa, on est obligé de mettre un « si » dans la phrase, du type « si on répétait plusieurs fois le même événement à l'identique… ». Par exemple, « si je jouais soixante fois à la roulette russe, je mourrais une dizaine de fois », « si je vivais mille vies, j'aurais cent cancers ». La phrase est toujours au conditionnel, elle ne peut être à l'indicatif. *Et la condition imposée (répéter l'événement) n'est pas respectée* ; elle *ne peut pas* être respectée.

Autrement dit, quand on utilise une grandeur statistique (espérance ou autre) pour décrire un phénomène aléatoire, on fixe une condition (de répétabilité) qu'il est impossible de satisfaire, et on raisonne ensuite à partir de cette condition, de façon absurde, en deux temps : 1. « *si* je répétais plusieurs fois le tirage, *alors* la moyenne serait ceci et donc il *serait* pertinent de faire cela » ; 2. « Bien que je ne joue qu'une seule fois, j'en conserve le résultat : il *est* pertinent de faire cela. ». En d'autres termes, après avoir imposé une condition pour pouvoir dérouler un raisonnement, j'observe que la condition n'est pas vérifiée… et je maintiens la conclusion de mon raisonnement.

En imposant une telle condition artificielle, on forge une illusion de savoir. C'est un raisonnement du même niveau de rigueur, de la même qualité, que si on indiquait « s'il y avait une canicule, je prendrais deux douches par jour ; et il fait froid ; donc je vais prendre deux douches par jour ». Ou bien « si cet animal était un chien, il aurait quatre pattes ; ce n'est pas un chien ; donc il a quatre pattes ». Ou encore, pour le dire de façon plus générale, plus mathématique « A implique B ; je constate que non A, donc j'en déduis B »[5].

C'est un raisonnement absurde. Un raisonnement « Même pas faux », pour reprendre l'expression du physicien Wolfgang Pauli. Cela a une conséquence simple : ce qu'on en fait est totalement dépourvu de pertinence.

Un ingénieur travaillant dans le domaine pétrolier s'insurgeait ainsi contre ce qui figure dans les manuels.

Il prenait l'exemple d'une petite société pétrolière, qui a par exemple levé 50M€ pour prospecter. Ses géologues lui disent qu'à tel endroit, il y a une probabilité de 30% de trouver du pétrole. Le seul moyen de le savoir est de procéder à un forage : le matériel utilisé par l'industrie pétrolière, notamment pour les forages en mer, est de très haute technologie et sa location est très onéreuse : forer un puits coûte justement 50M€. S'il y a du pétrole, la vente de la concession à un grand groupe pétrolier en vue de son exploitation rapportera un milliard d'euros. Les manuels enseignent alors qu'il faut calculer l'espérance de profit si on réalise le forage : « on paye 50M€ avec probabilité 1, et on gagne un milliard avec probabilité 30%, nous sommes donc « en moyenne » largement gagnant et il faut faire un forage ». Or, si vous êtes dirigeant de l'entreprise, puisque vous n'avez que 50M€, vous ne pouvez faire qu'un seul forage. Allez-vous forer en sachant que vous avez deux chances sur 3 de couler votre entreprise ? Le raisonnement des manuels est pertinent pour Total, qui dispose de bien plus de 50M€ et peut gérer la pluralité : il mutualise les risques et n'en prend donc pas. Pour vous qui êtes en situation aléa et voulez décider en incertain, ce raisonnement ne peut pas s'appliquer.

Les conséquences

Pascal et la légitimité – Pas de bonne appropriation de la situation – Pas de responsabilité – Pas de caractère scientifique – Pas d'objectivité – Exercice de style

Pascal et la légitimité

Faisons un point d'étape.

Deux phénomènes : l'aléa et la pluralité, de nature différente. Des outils mathématiques (les statistiques), servant à décrire la pluralité, transposés pour décrire l'aléa. Des outils dont la pertinence repose sur la répétabilité… alors que la situation aléa qu'ils cherchent à décrire est par définition non répétable.

On peut d'ores et déjà mesurer à quel point la définition que Pascal donne du « tyrannique » s'applique ici. A ses yeux, le tyran est celui qui utilise sa légitimité dans un ordre pour s'imposer dans un autre ordre. Par exemple un élu des années 30 utilisant sa légitimité d'alors dans le champ politique pour décider de ce qui relève de l'art ou non. Ou inversement un universitaire utilisant sa légitimité académique pour imposer une orientation politique, par exemple un physicien prétendant que, parce qu'il est spécialiste de physique nucléaire, il lui revient de décider s'il faut lancer une attaque atomique. Ici, les concepts utilisent leur légitimité dans le champ de la pluralité pour s'imposer dans le champ de l'aléa. Ce sont des concepts tyranniques.

Pourtant, on a tendance à les utiliser : La régulation des assurances repose désormais entièrement sur le fait de tenir ses engagements « en espérance » (c'est-à-dire, « en moyenne), et sur le calcul d'une statistique virtuelle ; les économistes, depuis des décennies, enseignent à tous leurs étudiants que quand on ne sait pas ce qu'il va se passer, il faut maximiser ce qu'on gagnerait[6] en moyenne, dans un monde virtuel où on jouerait plusieurs fois ; les Américains estiment que les mutuelles doivent faire payer à chaque client ce qu'il coûterait « en moyenne », là encore dans un monde imaginaire, totalement fantasmé...

De tels réflexes sont très récents dans l'histoire économique, mais nous sommes aujourd'hui tellement pétris de cet amalgame que ces pratiques peuvent nous sembler naturelles, donc légitimes. Avant de détailler chacun de ces points, d'en disséquer les tenants et les aboutissants pour mieux en montrer l'absurdité, précisons rapidement en quoi ils sont source d'incompréhensions et de mauvaises décisions : explorons les conséquences de cette tyrannie.

Pas de bonne appropriation de la situation

Faire face à du risque, c'est ne pas savoir ce qui va se passer. Supposons que je joue à pile ou face : pile je gagne 1, face je perds 1. Je ne sais pas si je vais gagner OU perdre. Utilisons à présent les outils mathématiques. Que nous indiquent-ils ? Que ce que je vais gagner, c'est 0 en espérance ET 1 en écart-type. C'est déterminé. Avant, il y avait un « ou » , un « ou » exclusif qui me maintenait dans l'ignorance. A présent, les mathématiques ont caractérisé cela sans alternative. Je *sais* à quoi m'attendre.

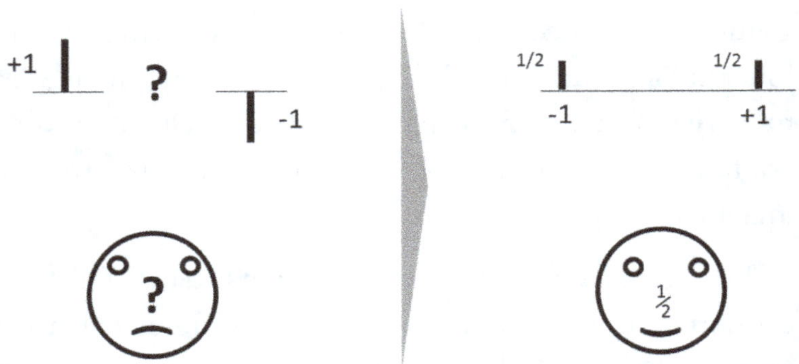

Disparition de l'aléa par la réécriture mathématique

Réécrire l'aléa sous forme mathématique, c'est transformer son essence. Faire disparaître ce « ou » en lui substituant une batterie d'indicateurs statistiques[7], c'est changer la nature même du concept : on bascule d'un phénomène aléatoire à une mesure déterministe. Psychologiquement, cela donne l'impression d'avoir cerné le sujet, de l'avoir décrit, de le maîtriser. Notre représentation du monde est ainsi faussée, et cela engendre inévitablement une mauvaise appréhension du contexte.

Ainsi, le principal tort d'une quantification de l'aléa, au-delà de l'erreur intellectuelle consistant à extraire l'observateur de son contexte (un aléa unique) pour lui donner le point de vue d'un autre observateur qui serait confronté à une situation différente, c'est que forcer ce changement de position fait disparaître notre perception du risque : un risque quantifié n'est plus perçu comme un risque, puisqu'il semble appartenir au champ des phénomènes amenés à se répéter, donc déterministes, prévisibles grâce à la loi des grands nombres.

Voici la pente glissante : parce qu'on a un outil qui accrédite une vision déterministe, notre schéma mental est inadapté et on s'illusionne, se disant inconsciemment qu'on est capable de prévoir.

Ceci explique par exemple que pendant la crise, Alan Greenspan, ancien gouverneur de la Fed, a déclaré qu'il serait souhaitable que les « modèles de risque » parviennent à *prévoir* la bascule entre les épisodes d'euphorie et ceux d'éclatement de bulle spéculative[8]. Ceci explique aussi les affirmations de directeurs financiers et de directeurs des risques de grandes compagnies financières européennes, croyant dur comme fer que leurs modèles de *risque* ont une capacité *prévisionnelle*. Espérer ainsi que des modèles de risque puissent être prédictifs, c'est n'avoir pas compris que l'essence même de l'aléa est de n'être pas prévisible, c'est s'être laissé abuser par le formalisme qu'on a emprunté à la pluralité.

Pas de responsabilité

A ce stade, l'état des lieux est cruel : des outils dont l'utilisation repose sur un raisonnement absurde (« 1. A implique B, 2. non A… donc B »), et qui de plus viennent altérer notre appréhension de la situation en faussant notre perception.

Mais l'impact est plus profond encore. Nous avons vu que la différence essentielle entre une situation aléa et une situation plurielle était que le premier type de situation n'était pas déterministe alors que le second l'était. Quelle en est la conséquence en termes de responsabilités de l'analyste et/ou du décideur ?

Prenons par exemple cet extrait d'article d'un quotidien :

> « Le risque accru de récession : Vrai, mais comment l'évaluer ? Dans son communiqué, Standard & Poor's mesure ce risque à 40 %."*C'est bien plus que cela*", relaie le Wall Street Journal, citant des experts. Chez Altedia, les économistes sont "*un peu moins pessimistes*", révèle Philippe de Vandière, qui évoque un risque de 30 à 35 %. Sans évaluer les risques

de récession, Frédérique Cerisier prévoit "*au minimum un ou deux trimestres de faible récession, avec une moyenne pas forcément négative*". Les économistes anticipent en revanche une récession certaine pour la Grèce, le Portugal, l'Espagne et la France. »

30 à 35 %, 40%, plus, moins… et un an après, il y aura eu récession, ou non. Considérons un Président qui, au cours de son mandat, est confronté à une ou deux décisions d'orientation stratégique de la politique macroéconomique, de relance ou d'austérité. Plus tard, lorsqu'il fera face à son bilan, on ne pourra jamais dire qui, parmi ses « conseillers » donnant l'un une probabilité de 30% et l'autre une probabilité de 40%, avait raison et qui avait tort. On ne pourra d'ailleurs pas même considérer que l'un ou l'autre avait raison ou tort. Dès lors, est-ce une information susceptible de fonder une décision ?

Bien sûr, il en va de même pour tout autre indicateur statistique. Par exemple le décile, c'est-à-dire le pire cas sur 10. En situation aléa, on n'observera qu'une unique réalisation. On tombera du bon côté de l'estimation… ou du mauvais… *et alors* ? Est-ce que cela peut contredire l'estimation qui avait été faite ? Non, jamais.

Dans un comité analysant un investissement qui pouvait peut-être nous permettre d'effacer des pertes, j'ai ainsi entendu quelqu'un qui voulait acheter le produit s'exclamer « mais il y a deux chances sur trois que ça nous permette de tout regagner. Ils l'ont écrit. C'est ECRIT. Ils nous l'ont ECRIT ! ». Oui, c'était écrit. La belle affaire. A quoi cela engageait-il la banque qui l'avait écrit ? A rien. *On ne porte aucune responsabilité, en situation aléa, quand on fournit une information statistique.*

Quand l'enjeu est la prise de décision, c'est gênant. Et c'est une des raisons pour lesquelles il nous faudra inventer autre chose.

Pas de caractère scientifique

Popper, au XXème siècle, est une figure incontournable de la philosophie des sciences. Il définit la science comme ce qui est *réfutable*. Si j'affirme « l'eau coule », on peut tester si cela est vrai ou faux, et le cas échéant me contredire. C'est donc une assertion de nature scientifique. Si j'affirme « Dieu existe », on ne pourra jamais montrer que c'est faux, donc jamais me contredire. Cette deuxième assertion n'est donc pas de nature scientifique. La définition théorique de Popper a été relativisée par les historiens et les sociologues qui l'ont confrontée à la pratique (les scientifiques sont des êtres humains et non des purs penseurs) mais elle reste sans doute la meilleure définition qu'on puisse avoir de la science : une affirmation est scientifique si on peut la remettre en question, donc si son auteur s'expose au risque d'être démenti par les faits.

Avec les statistiques comme outil de description de l'aléa, nous en sommes terriblement loin.

Prenons un exemple : l'espérance. Si nous sommes en situation plurielle, l'événement va se produire de nombreuses fois et nous pourrons calculer une moyenne à laquelle comparer l'espérance. Par exemple, notre assureur peut calculer combien il pense devoir rembourser en moyenne à ses clients. Selon que la moyenne observée est proche ou éloignée de cette moyenne anticipée, c'est-à-dire de l'espérance, l'assureur sera à l'équilibre ou fera des pertes : on saura s'il s'est trompé ou non dans son modèle ; c'est bien *réfutable*. On peut qualifier cela de scientifique (et une responsabilité est engagée). *A contrario*, si nous sommes en situation d'aléa, l'événement ne se produira qu'une seule fois et l'espérance ne pourra jamais s'incarner dans une moyenne : l'investisseur qui met toute sa fortune dans de la dette grecque en espérant profiter des taux d'intérêt très élevés n'observera jamais l'espérance de rendement (il observera soit un excellent rendement s'il désinvestit avant l'éclatement de la bulle obligataire, soit une forte perte s'il subit le défaut avant d'avoir pu repasser la patate chaude). L'estimation initiale est donc totalement virtuelle. Si elle est fausse, on ne pourra jamais le constater : elle n'est pas réfutable, elle n'est donc pas scientifique (et, une fois de plus, aucune responsabilité n'est engagée).

Assimiler pluralité et aléa, c'est donc placer sur le même plan une espérance-prévision, tangible, et une espérance-sexe des anges. C'est également à cette aune qu'on peut appréhender la critique que Wolfgang Pauli, l'un des papes de la mécanique quantique, avait faite à l'encontre de travaux particulièrement médiocres qui lui avaient été présentés : « cela ne vaut rien, ça n'est même pas faux ». Les outils statistiques, en situation aléa, sont doublement « même pas faux ». Premièrement parce que qualitativement, comme nous l'avons vu précédemment, ils ne reposent pas tant sur un raisonnement erroné[9], que sur un raisonnement « absurde » car partant d'une condition impossible. Deuxièmement parce que, quantitativement, ils ne s'exposent pas à la critique, au fait de pouvoir être faux : ils relèvent de la croyance[10].

Pas d'objectivité !

Notre définition de l'aléa et de la pluralité est très générale : dans le futur, l'événement se produira-t-il une seule fois ou bien un grand nombre de fois ?

Comme nous l'avons vu, cela permet déjà de tirer un certain nombre d'enseignements généraux. Et comme nous l'allons voir, cela sera fertile dans de nombreux domaines.

Mais il peut être utile de raffiner un point. Si je me demande par exemple quelle est ma probabilité d'avoir un cancer, pour évaluer mes paramètres statistiques, j'aurais idéalement besoin de trouver quelques centaines de personnes qui me sont identiques *en tous points* : en matière de génétique, de stress, d'alimentation, d'exercice physique, etc. Ce n'est pas possible, et je vais donc avoir besoin de me réfugier dans un proxy, en considérant une population qui ne m'est pas strictement identique, mais qui me ressemble. Mais qui ? L'ensemble des mammifères, des êtres humains, tous ceux de mon âge, tous ceux de mon poids ? De mon niveau de revenus ? De ma couleur de peau ? De ma zone d'habitation géographique ? De mon type d'habitation ? Soit je suis ultra précis, et une seule personne me correspondra en tous points : c'est moi, et je ne peux plus calculer de statistique. Soit je ne suis pas trop précis... Et alors comment choisir parmi l'infinité de critères qui s'offrent à moi ?

Comme nous le verrons sur des exemples concrets, indépendamment du fait que les outils statistiques ne devraient pas être utilisés en situation d'aléa, il n'est généralement pas possible de calibrer ces outils sans arbitraire. Pour évaluer une espérance, un quantile, une probabilité, il est nécessaire de s'appuyer sur des données, d'identifier parmi les événements passés ceux qui ressemblent à celui auquel nous allons être confrontés. En retenir certains et en exclure d'autres, ce choix ne peut pas être objectif alors même que ceux qui utilisent ces outils mathématiques le font dans l'espoir (vain) d'objectiver leur analyse. La quantification, ici, crée *une illusion d'objectivité*. Il s'agit là d'un écueil supplémentaire qui s'ajoute aux autres déjà mentionnés.

Exercice de style

Comment décrire les concepts auxquels nous avons affaire lorsqu'on utilise des outils statistiques pour appréhender des phénomènes aléa ?

Une réponse à la Duchamp ? Des outils-urinoirs.

Une réponse à la Pascal ? Des concepts-tyranniques.

Une réponse à la Pauli ? Des raisonnements-même-pas-faux.

Notre ambition, désormais, est triple : tout d'abord, explorer les champs d'application de ce distinguo entre aléa et pluralité afin d'y débusquer ces outils-urinoirs. Ensuite, comprendre, à la lumière des éléments que nous aurons accumulés, quels sont les atours de la tyrannie expliquant que nous nous y complaisions. Enfin, proposer une option de substitution, pas fausse et même pertinente, que nous pourrions implémenter pour l'analyse et la décision.

Les champs d'impact

« Tu vas voir, maintenant que tu vas être un homme, aucun de tes nouveaux problèmes ne va être assez simple pour que tu puisses le résumer dans une formule. »

J. Anouilh, Le Voyageur sans bagage

Caveat :

Différents champs d'impact de notre analyse peuvent être identifiés[11] :

- d'une part, les *décisions individuelles*, où un individu est placé en situation aléa. Par exemple, un investisseur ne sachant pas s'il doit miser sur les actions ou sur l'immobilier ;
- d'autre part, les *interactions asymétriques*, où deux acteurs ayant un point de vue différent sur un même phénomène, l'un aléa, l'autre pluriel, se confrontent. Par exemple un employeur et un employé, ou bien un assureur et un assuré devant fixer un prix ;

Les deux premiers chapitres donneront des exemples correspondant au champ de la décision solipsiste, les deux suivants traiteront d'exemples correspondant au domaine des interactions asymétriques.

Le premier chapitre, *les investissements et la finance*, traite d'une application opérationnelle de ces outils. Il s'attaque à un archétype de la décision en incertain et de la façon dont on utilise à tort des outils statistiques. Ce chapitre est intéressant en ce que les décisions d'investissement sont par essence des décisions de prise de risque : la gestion du risque y est totalement indissociable de la prise de décision. Qui plus est, il s'agit d'un champ quantifié et théorisé. A ce double titre, il constitue une bonne illustration du problème.

Le deuxième chapitre, *l'économie et les tentatives de rationaliser la décision*, remonte aux racines intellectuelles de ces outils et décrit les différentes tentatives de rationalisation des décisions en incertain : celle des

Lumières, puis sa réplique par les économistes au 20ème siècle, qui se fondent toutes deux sur l'amalgame indu entre aléa et pluralité. Comprendre leur état d'esprit, leurs objectifs, et comment ils ont (plus ou moins) pris conscience de leur échec permettra de mieux déconstruire nos réflexes.

Les deux derniers chapitres de cette partie, *risque et justice sociale* et *questions de société*, abordent, au-delà des questions de responsabilité et de décision, des enjeux d'éthique et de choix sociétaux.

Ces quatre chapitres sont indépendants, et peuvent donc être lus ou non en fonction de l'intérêt du lecteur.

Les investissements et la finance

Un couple de chimères – Quand le risque disparaît… - Y a-t-il un pilote dans l'avion ?

Chaque jour sur France Info, un gérant est interviewé pour fournir des conseils d'investissement. Ce jour-là, il est interrogé sur le fait qu'il faille ou non investir en actions. Le gérant rappelle une pseudo-évidence bien connue : "le risque va avec la rentabilité".

De même, si un conseiller financier vous propose des placements, il doit désormais vous indiquer sa note « DICI » : plus elle est élevée, plus le risque et le rendement sont supposés être importants.

Et, dans les entreprises qui gèrent des investissements, des comités se réunissent régulièrement pour savoir quel mix établir entre les différents actifs, accroître la proportion des investissements dans les actions ou réduire celle en immobilier par exemple. Pour cela, un outil apparemment formidable : le couple risque/rendement des différentes options envisageables.

Dans chacun de ces cas de figure, on se dit qu'on va mesurer « le risque », on va mesurer « le rendement » et on va choisir nos investissements pour optimiser le couple risque/rendement : à prise de risque donnée, avoir le plus de rendement possible. A rendement fixé, avoir le moins de risque possible.

Le problème, c'est que le couple risque/rendement, concrètement, cela ne veut rien dire.

Un couple de chimères

Pourquoi ? Parce qu'on ne joue qu'une seule fois.

Supposons qu'on place son argent en actions et qu'on le récupère au bout de huit ans (par exemple, il s'agit de la durée fiscale canonique d'une épargne longue comme l'assurance vie). Sur certaines périodes, les investissements sont divisés par deux. Sur d'autres, ils sont multipliés par deux ou trois.

Rendement du CAC40 par plage de 8 ans depuis 1929

période d'investissement	rendement sur 8 ans global	anualisé
1929-1936	-51%	-8%
1937-1944	143%	12%
1945-1952	-28%	-4%
1953-1960	178%	14%
1961-1968	-48%	-8%
1969-1976	-30%	-4%
1977-1984	82%	8%
1985-1992	144%	12%
1993-2000	211%	15%
2001-2008	-44%	-7%
2009-2015	44%	5%

CAC 40 reconstitué avant cotation officielle : données Le Bris, 2011, hors inflation & hors dividendes réinvestis

Et si on investissait sur plus longtemps ? On peut constater à partir de ce tableau que sur 16 ans, la valeur peut être divisée par trois (entre 1961 et 1976) ou multipliée par sept (entre 1985 et 2000). Ainsi, quelle que soit la durée, le risque se matérialise. L'aléa est là. Toujours. *L'espérance est virtuelle.*

C'est pour cette raison que notre fameux couple risque/rendement, ces statistiques qui sont réputées guider notre jugement, sont dénués de signification : pour que l'espérance soit tangible, qu'elle ait du sens, il faudrait que le risque soit insignifiant ; comme le risque est significatif, l'espérance est totalement virtuelle et ne veut concrètement rien dire : si je sais que dans huit ans mes actions auront soit baissé de 50 %, soit augmenté de 150% et que je n'investis que sur huit ans, que m'importe que dans le temps long, la performance moyenne des actions soit de 4% ou plutôt de 7% ?

D*ans la vraie vie, le couple risque/rendement quantifié n'existe donc pas.* L'espérance n'est porteuse de sens que sur le très long terme, quand il n'y a plus de risque ; le risque ne s'observe que sur le court-terme, quand on n'a pas encore d'espérance… or l'investisseur n'a qu'un seul horizon temporel : celui auquel il investit, sur lequel il se fait juger. Un couple risque/rendement, puisque chacun de ses deux indicateurs correspond à un horizon différent, est dénué de cohérence interne. A moins d'être schizophrène, le décideur ne peut pas l'utiliser[12].

Quand le risque disparaît…

Cette confusion entre l'aléa concret du court-terme auquel on est confronté et la pluralité d'un long-terme virtuel que décrivent les statistiques n'est pas sans conséquences sur la prise de décision, car elle distord la compréhension que se fait le décideur de la situation à laquelle il est confronté.

Répétons-le : si l'espérance pouvait effectivement s'incarner opérationnellement, alors le risque aurait disparu. Soit l'espérance est une bonne estimation du rendement qui sera effectivement obtenu, et cela signifie que le risque est négligeable ; soit le risque n'est pas négligeable, et cela signifie que l'espérance s'éloigne significativement de ce qui sera obtenu.

Or, bien que l'espérance ne soit pas un estimateur du rendement qui sera effectivement obtenu, elle est perçue comme telle par les utilisateurs du couple risque/rendement. Voici, à titre d'exemple concret de cette perception biaisée, un bref verbatim d'un Comité d'Investissement d'une grande compagnie financière :

- Le directeur financier : *« on a un niveau de risque plus élevé que le marché [que nos concurrents] : notre part action est plus élevée, notre part immobilier est plus élevée… »*
- Un participant critique : « *dans ce cas-là, on devrait avoir un taux de rendement plus élevé. J'ai pas l'impression qu'on soit vraiment au-dessus* ».

Ici, cette espérance n'est pas perçue comme une grandeur éthérée, mais comme quelque chose de tangible. Notre « participant critique » voit l'espérance comme un estimateur de ce qu'on devrait *effectivement* recevoir. La confusion est totale entre la rentabilité espérée et la rentabilité constatée. *Ainsi, le risque a disparu du cadran d'analyse.* Dans les analyses risque/rendement, quand on choisit davantage de risque, cela fournit davantage de rendement *virtuel.* Mais notre « participant critique » (qui a tous les badges nécessaires, tant en termes de formation que d'expérience, pour maîtriser parfaitement cela) ne comprend pas qu'en ayant choisi plus de risque, donc plus de rendement (espéré), il n'ait pas *effectivement* plus de rendement (constaté).

Ce que reflète donc le terme « rendement » si couramment utilisé à la place d'« espérance de rendement », c'est bien plus qu'un abus de langage : c'est un abus de pensée, une faute de raisonnement tout aussi insidieuse que généralisée. Dans toutes ces expressions qu'on retrouve à longueur de journaux grand-public et de revues académiques, quand on utilise les termes « le couple risque/*rendement* » ou « des actifs à meilleur *rendement* », quand on affirme que « le risque va avec *le rendement* » ou que « si on veut *du rendement* il faut prendre des risques », on se permet d'abréger l'expression « espérance de rendement » parce qu'on se dit que c'est ce qu'on touche en moyenne, ce qu'on *va toucher*. Inconsciemment, on est conduit ainsi à penser que, si on n'a pas fait d'erreur, l'espérance est bien ce qu'on va *réellement* toucher, en attendant quelques années, en investissant dans plusieurs fonds. Vision totalement fausse, à moins que le risque soit négligeable.

Ainsi, le recours au couple risque/rendement distord la perception de la situation en créant une illusion mentale d'absence de risque. L'utilisation de grandeurs statistiques telles que le risque et le « rendement » crée une métaphore inconsciente dans la représentation que se font les acteurs de la situation : ils se vivent alors dans un univers pluriel et non plus aléatoire, où l'espérance s'incarne dans une moyenne. Dans un tel univers, le rendement est déterministe, déterminé ; *le risque disparaît.*

Y a-t-il un pilote dans l'avion ?

Plus grave encore : *in fine*, qui prend la décision ?

Si le dirigeant s'appuie sur ces outils pour prendre sa décision, son choix d'investissement découlera directement des statistiques qui lui sont fournies. Sont-elles objectives ?

Essayons d'estimer, par exemple, l'espérance de rendement des actions. Nous sommes encore en train de panser les plaies de la crise de 2008 avec beaucoup de liquidités sur les marchés et un contexte économique parfois fébrile, il ne serait donc pas illégitime de retenir comme *proxy* le rendement moyen du CAC 40 depuis 2008. Soit 6%. Mais ce serait sans doute plus robuste de ne pas se restreindre aux entreprises françaises et de considérer un échantillon plus large incluant d'autres pays. Prenons les grands indices des pays développés. Ah… le rendement moyen est de 12%[13]. Et si, plutôt que d'élargir l'échantillon d'un point de vue géographique, puisque les autres pays ont une économie différente de la nôtre, on restait en France, mais sur une plus longue période ; par exemple, sur l'ensemble du XXIème siècle, depuis que nous avons basculé dans l'ère d'internet ? Hum… 0%. Et depuis qu'il y a du chômage et peu de croissance, en remontant au second choc pétrolier[14] ? Tiens, de nouveau 6%, comme depuis 2008 ! Allons, jugeons cela sur le temps long : depuis que nous sommes dans l'ère industrielle, au milieu du XIXème ? Aïe, cela rechute à 2%...

Rendement des actions selon différentes références

zone et période	rendement annualisé
CAC 40 post crise 2008	6 %
CAC 40 XXIème siècle	0 %
Pays développés post crise 2008	12 %
Pays développés XXIème siècle	2 %
CAC 40 post deuxième choc pétrolier	6 %
CAC 40 post Deuxième Guerre mondiale	3 %
CAC 40 depuis la révolution industrielle (1850)	2 %

Le problème ici n'est pas que les chiffres soient différents (il n'y a pas de science sans marge d'erreur), mais que l'écart entre ces espérances potentielles est bien plus important que l'écart entre l'espérance de rendement des actions et celle de l'immobilier par exemple. Avec une telle incertitude sur le calibrage des actions, on ne peut plus dire que, « en espérance, les actions sont plus rentables que l'immobilier »[15]. C'est la logique même du « le risque va avec la rentabilité » qui s'écroule.

Bref, il n'est pas possible de calibrer objectivement[16] une espérance (et plus largement toute grandeur statistique décrivant un aléa)[17]. Le fondement même de l'analyse est intrinsèquement *subjectif*. Certes, quel que soit le chiffre retenu, une justification peut être fournie. Elle ne sera pas *moins* valable que beaucoup d'autres, mais pas non plus *davantage*. Ce choix subjectif est dissimulé sous une couche de chiffres comme un mur vérolé est dissimulé sous un coup de propre.

Par conséquent, fonder une décision sur des statistiques conduit *de facto* le décideur à déléguer, de façon informelle, sa subjectivité à l'expert. Là où le dirigeant a seul, par sa position, la légitimité à réaliser un arbitrage, c'est-à-dire à assumer sa subjectivité, sa décision devient totalement orientée par les choix de ses techniciens alors que ces choix sont dénués de pureté technique objective. La décision n'étant *in fine* que la résultante des choix subjectifs des « experts », nous assistons ici à *une délégation de subjectivité, donc de décision* : elle bascule d'une subjectivité assumée lors de la prise de décision (exercée au niveau du décideur) à une subjectivité occultée lors de l'analyse (actionnée au niveau du technicien).

Qui plus est, *ex post*, il ne sera pas possible, après observation de l'unique réalisation et du rendement ainsi obtenu, de faire la part entre la mauvaise nouvelle qui faisait partie du champ des possibles (la « faute à pas de chance »), et une éventuelle erreur de modèle. Autrement dit, il n'y a pas de responsabilité engagée. Personne n'est responsable de la qualité de l'analyse[18]. Même *a posteriori*, il n'est pas possible de savoir si l'expert a fait un travail de qualité ou non, s'il faut lui donner des bonus ou s'en séparer[19].

En synthèse : un décideur qui délègue son arbitraire, *donc ses arbitrages*, à des techniciens, et des techniciens qui ne sont pas responsables de la qualité de leurs analyses… il n'y a pas de pilote dans l'avion.

Comment en est-on arrivé là ?

L'économie et les tentatives de rationaliser la décision

> Les tentatives des Lumières – *Bis repetita* – L'espérance, une référence ptolémaïque – Une rationalité arbitraire – penser le hasard et la décision

Si l'amalgame entre aléa et pluralité et les ambitions de quantification systématique ont percolé si largement et viennent fausser notre appréhension du risque et nos arbitrages collectifs, c'est pour partie parce que cet amalgame a été légitimé et naturalisé dans le cadre de pensée et les schémas d'analyse des décideurs. De fait, beaucoup ont été exposés pendant leurs études à de telles transpositions abusives. Comment ? Notamment *via* les formations d'économie et de finance. Voyons tout d'abord comment, d'un point de vue théorique, l'économie s'est perdue en plaquant des concepts inadaptés sur certaines questions. Ensuite nous verrons comment, d'un point de vue pratique, l'industrie financière se fourvoie en ayant incorporé l'amalgame entre aléa et pluralité dans ses outils.

Les tentatives des Lumières

Remontons au 17ème siècle, lorsque les penseurs des Lumières, Pascal et consorts, font face à des « contrats aléatoires » : quel est le prix d'une rente, sachant qu'on ne sait pas si le retraité vivra vieux ou non ? A quel taux faut-il prêter à un marchand qui part sur les mers, sachant qu'on ne sait pas si les pirates ou les tempêtes le ruineront ? Le problème est initialement celui des théologiens et des juristes : il faut éviter l'usure, mais comme on n'est pas sûr d'être remboursé, on peut tout de même demander un taux d'intérêt : les jésuites commencent à justifier le fait qu'on demande un rendement « proportionné » au risque. C'est ici qu'apparaît l'espérance.

L'espérance, c'est le mot qui désigne le « juste prix » du contrat aléatoire. Un terme qui n'a alors rien à voir avec son sens actuel (et pour cause, les probabilités n'existent pas). Il s'agit alors d'un concept *juridique* et *qualitatif* : l'espérance, c'est le prix qu'un juge trouverait équitable pour le contrat aléatoire. Pour Huygens, c'est donc la doctrine juridique du moment qui définit l'espérance. Puis, progressivement, les penseurs vont glisser du droit au commerce. Ce qui intéresse n'est plus tant que le prix soit jugé légal par un juge, mais qu'un bon gestionnaire, un honnête commerçant, le considère comme approprié pour faire des affaires : l'espérance devient le prix auquel il serait opportun de réaliser la transaction.

Quelle est alors l'ambition de nos philosophes et mathématiciens, intellectuels des Lumières ? Eclairer le monde. Ils se considèrent comme supérieurs aux autres, davantage capables de mettre à distance leurs émotions pour prendre une bonne décision. Ils s'auto-considèrent comme des hommes raisonnables, et souhaitent faire profiter les masses de leur intelligence. Pour cela, rien de mieux que de tenter de décrire ce qu'ils font : alors, les masses n'auront plus qu'à faire pareil, et elles prendront des décisions éclairées, raisonnables. Il faut donc décrire, de façon mécanique, en un process que chacun puisse reproduire, la façon dont un homme raisonnable décide en incertain. C'est ici qu'arrivent les mathématiques. Le vocabulaire glisse. Le rendement devait être « proportionné » au risque ? Si on veut une formule que chacun puisse mécaniquement appliquer, cela se transforme en rendement « proportionnel » au risque. L'espérance correspondant à une moyenne, telle que nous la connaissons aujourd'hui, était née.

Pendant deux siècles, les 17ème et 18ème, les penseurs des Lumières vont ainsi construire ce raisonnement, en créant par exemple les probabilités pour arriver à calculer proprement l'espérance[20]. Ils vont le discuter, l'affiner. Car, au fil des réflexions, ils se rendent compte que cela ne fonctionne pas bien : un homme raisonnable ne décide pas ainsi. Il ne gère pas ses affaires en essayant de maximiser l'espérance. Par exemple, les penseurs achoppent face au paradoxe de Saint Pétersbourg : je vous propose un jeu où vous tirez à pile ou face ; pile je vous donne 2 et on arrête, face on rejoue ; pile je vous donne 4 et on arrête, face on rejoue ; pile je vous donne 8, face on rejoue… votre espérance de gain est infinie (1/2 x 2 + 1/4 x 4 + 1/8 x 8 +…) et, pourtant, vous n'accepterez jamais de me donner toute votre fortune pour pouvoir jouer avec moi à ce jeu. Un « homme raisonnable » ne cherche donc pas toujours à maximiser son espérance. Alors, les penseurs des Lumières vont modifier la formule : envisager de définir l'espérance à partir de la médiane plutôt que la moyenne[21], proposer d'introduire des probabilités subjectives[22] (par exemple, si la probabilité est faible, la mettre à 0 en considérant qu'elle est négligeable pour l'homme raisonnable), proposer de prendre en compte le fait que quand on est riche, gagner davantage a moins d'importance[23], etc. Progressivement, et de plus en plus désespérément, ils introduisent ainsi des cales, des rustines pour modifier la formule tout en essayant de sauver le principe général : l'homme raisonnable devrait toujours tenter de maximiser une espérance, mais une espérance amendée et désormais rapiécée de toutes parts.

Las, ils n'y parviendront pas. Et abandonneront. D'une part, en comprenant qu'une décision dans la « vraie vie » ne se prend pas comme une décision face à un lancer de dé (d'Alembert). D'autre part, en comprenant que l'espérance n'a de sens que si elle se transforme en moyenne, donc si on joue plusieurs fois (Condorcet), c'est-à-dire qu'elle ne veut rien dire quand on fait face au hasard. Enfin, parce que la Révolution française et sa Terreur ont disqualifié pour longtemps l'idée d'hommes éclairés, supérieurs, guidant les masses par leur rationalité lumineuse et implacable. Dans les arts, le romantisme arrivait ; en économie ou en droit, l'espérance était totalement disqualifiée comme outil d'appréhension du risque. A partir du début du 19ème siècle, les statistiques vivent, pour éclairer la décision face au risque, une longue traversée du désert : John Stuart Mill et Joseph Bertrand, alors secrétaire perpétuel de l'Académie des Sciences, qualifient l'utilisation de ces outils en sciences sociales de « scandale des mathématiques ».

Bis repetita

Basculons à la fin de la seconde guerre mondiale. Entre 1944 et 1952, en moins d'une décennie, les économistes remettent cet outil au centre du jeu. Ils ne s'autoproclament pas « hommes raisonnables », mais « hommes rationnels », c'est-à-dire la même chose en plus implacable. Ils débattent de la façon dont un homme rationnel (c'est-à-dire eux-mêmes[24]) prend ses décisions et affirment, de nouveau, que l'homme rationnel doit maximiser son espérance[25]. Pendant les cinquante années qui suivront, les économistes parcourront de nouveau le chemin que les Lumières avaient mis deux siècles à franchir : réaliser que les hommes (même « rationnels ») ne se comportent pas ainsi, tenter de sauver l'espérance par mille prothèses *ad hoc*, constater qu'aucune ne fonctionne correctement.

A chaque fois qu'ils observent une faille, une déviation par rapport à la maximisation de l'espérance, les économistes indiquent qu'il s'agit d'un biais. Ils construisent ainsi un vrai musée des curiosités psychologiques. A ce prix-là, on peut sauver n'importe quel concept. L'espérance reste ainsi artificiellement maintenue à flot. Elle reste enseignée et désormais, tout le monde utilise cette bonne vieille espérance et, lorsqu'il faut expliquer une nouvelle constatation gênante, on se rassure en inventant un modèle *ad-hoc* pour y répondre, modèle qui viendra enrichir le cabinet des curiosités de la discipline. Parfois, des revues de littérature dressent un état des lieux, soit totalement désabusé, soit d'un enthousiasme en trompe-l'œil[26].

L'espérance : une référence ptolémaïque

En d'autres termes, cela ressemble furieusement à un précédent historique : le système solaire de Ptolémée. La Terre semblait fixe sous nos pieds, tout comme la recherche de l'espérance maximum, de la meilleure moyenne, semble naturelle. Mais le référentiel était arbitraire, et on a constaté que faire tourner le Soleil autour de la Terre, construire un système géocentrique, c'était se condamner à d'innombrables rustines. Ici aussi, les rustines s'accumulent : ce référentiel serait-il arbitraire ?

Ici encore, la confusion entre aléa et pluralité a sévi et, en réalité, le domaine de pertinence de l'espérance est l'ensemble vide : s'il s'agit d'une situation plurielle, il n'y a plus de risque, et s'il s'agit d'aléa, il n'y a pas d'espérance autre qu'ectoplasmique. Certes, on peut jouer plusieurs fois aux courses ou aux dés. Mais les décisions qu'on prend dans la vraie vie, celles qui sont importantes et méritent donc qu'on s'y intéresse, ne sont pas des décisions qu'on prend dix fois, cent fois, mille fois. Lorsque l'individu est face à un aléa à fort enjeu, l'espérance, qui repose sur l'hypothèse impossible de répétabilité, est totalement virtuelle. Elle n'a pas de réalité tangible, pas de sens opérationnel.

Recommander alors à notre individu d'utiliser l'espérance, c'est tenter d'appliquer le raisonnement de quelqu'un d'extérieur qui pourrait répéter l'expérience, rejouer sa vie et maximiser sa moyenne. Cela n'a pas de sens, c'est « même pas faux » ; cela revient à suggérer à l'alpiniste muni de son piolet et de ses crampons d'échanger son pic à glace contre une combinaison de plongée en lui expliquant que, s'il prend du recul pour rationaliser, un glacier est de nature fluide puisque la langue de glace s'écoule dans la vallée…

De fait, les économistes de la décision ont constaté que la maximisation de l'espérance ne fonctionnait pas, que les personnes, même « intelligentes » comme eux, même en prenant le temps de réfléchir, ne se comportaient pas ainsi. Mais ils ont désespérément besoin d'un point de référence pour pouvoir comparer deux options et donc indiquer comment choisir. C'est la raison pour laquelle ils ont retenu une statistique, en l'occurrence l'espérance, en faisant un parallèle abusif (car purement formel) avec une situation plurielle, où l'aléa se répèterait. En faisant cela, ils ont créé un référentiel arbitraire.

Dès lors, il ne faut plus s'étonner de l'incapacité à proposer une modélisation unifiée, et que fleurissent sans cesse les rustines *ad hoc*, car tel est le lot de tous les référentiels arbitraires. Faire graviter la prise de décision autour d'une espérance, c'est comme faire graviter le Soleil autour de la Terre. Les mouvements des autres astres ne sont alors pas expliqués par la théorie standard. On peut la complexifier pour prendre en compte certains phénomènes... mais on ne fera que la consteller de rustines. Sauver désespérément l'espérance comme pivot de la rationalité en incertain en ajoutant toujours de nouvelles prothèses, c'est comme tenter de sauver le système ptolémaïque parce qu'il semble naturel que la Terre soit immobile et centrale.

Une rationalité arbitraire

Pour avoir une explication alternative simple, il faut déconstruire en profondeur, faire un pas de côté. Cette déconstruction, cette réflexion *out of the box*, c'est le fait de *récuser l'espérance comme concept porteur de sens*. En faisant cela, tous les outils de décision en incertain des économistes s'écroulent, car ils reposent entièrement sur cette fondation frelatée.

En baptisant ce référentiel « rationnel » et en qualifiant tout ce qui s'en écarte comme biais cognitif, la « rationalité » est devenue arbitraire.

Ce n'est donc pas le comportement des gens qui est biaisé cognitivement ou déformé psychologiquement par rapport à une espérance « rationnelle », mais plutôt le concept d'espérance qui est orthogonal au comportement « rationnel » des gens. Les caractéristiques psychologiques modélisées par les économistes comme l'aversion au risque par exemple ? Ce cas d'école repose sur un écart entre deux espérances : à jeter ! Cela tombe bien : avec cette définition de l'aversion au risque fondée sur un écart à l'espérance, il faudrait expliquer qu'une même personne est à la fois averse au risque (elle s'assure) et aimant le risque (elle joue à la loterie)[27]. Si on fait tomber l'espérance, cette notion telle qu'elle est mesurée n'a plus de sens, et ce paradoxe disparaît.

Penser le hasard et la décision

Dès lors que l'espérance est disqualifiée comme vide de sens, on ne peut pas considérer que ce qui relève de l'espérance correspond à une analyse rationnelle par opposition au résidu qui relèverait d'une dimension psychologique. Abandonner cela, c'est donc s'autoriser une réconciliation entre les deux dimensions que sont le pur intellectuel et le cognitif au sens large, entre le rationnel et le psychologique.

Mais les économistes aiment découper : entre le technique et le politique, entre l'analyse et la décision, entre l'absolu rationnel et le biais psychologique. Et, en dissociant le technique du politique, en distinguant l'analyse de la décision, les économistes font disparaître la prise de décision. De fait, une analyse est, par essence, réputée objective et, puisqu'elle rend tout commensurable, *elle réduit la décision à une simple constatation du résultat de l'analyse où on pèserait les « + » et les « - » : il n'y a alors plus de place pour un décideur. A contrario*, supprimer la dichotomie arbitraire entre rationnel et psychologique, entre analyse et décision, c'est faire émerger une capacité de décision puisque c'est cesser de faire apparaître la décision comme la conséquence mécanique d'une analyse postulée objective.[28]

Surtout, à tenter ainsi de tout capter par l'analyse et d'y dissoudre cette décision qui leur déplaît puisqu'elle est, par essence, subjective et échappe donc à leur ambition, les économistes tournent en rond. Ainsi, un économiste m'indiquait un jour son pronostic pour une élection : untel avait « *une chance sur deux de passer* ». Je lui demandai ce que signifiait cette statistique, dans une situation aléa où *in fine*, le candidat en question serait élu ou non et où donner une probabilité de ¼ ou ½ n'était en rien susceptible de pouvoir être contesté, donc n'avait rien de solide, et il me répondit : « *50%, c'est ce que je mettrais si je devais maximiser ma fonction d'utilité dans un pari* ». Ainsi, cela est totalement autoréférencé, circulaire ; l'analyse tourne en boucle comme un hamster dans sa roue : alors qu'on est censé déterminer une espérance à partir de probabilités, on se met désormais à définir les probabilités à partir de l'espérance ! Nous sommes retournés au 16ème siècle : sous ses oripeaux mathématiques, nous restons dans une vision purement qualitative.

Le process d'analyse et de décision que nous proposerons sera donc modeste : il n'y a pas de référentiel qui permette d'universaliser la prise de décision en incertain, le normatif est impossible. Le « rationnel » dans l'absolu *n'existe pas* face au risque, car il n'existe pas de mesure monodimensionnelle universelle, nécessaire pour comparer. En courant après cet objectif, en s'efforçant en vain de rationaliser arbitrairement, en réduisant pour cela une histoire, une potentialité, en un chiffre[29], l'économie a perdu sa capacité à appréhender le risque. Le paroxysme dans ce domaine a sans doute été atteint par Debreu qui en 1954, pour établir l'existence d'un équilibre général en économie de marché, a besoin de supposer que tous les futurs envisageables sont décrits et côtés sur des marchés de telle sorte que toute personne peut être, à chaque instant, parfaitement assurée contre tout événement : la façon d'appréhender le risque était ici de supposer qu'il n'existait plus.

Notre méthodologie de prise de décision dans l'incertain devra avoir deux caractéristiques. *Primo*, elle n'aura pas l'ambition, comme le fait la théorie économique, de réduire une situation aléa à un chiffre, puisque toute grandeur statistique, compacifiée, serait totalement virtuelle en situation aléa. Ainsi, puisqu'on ne peut pas réduire l'aléa à un chiffre, à une seule dimension, il faudra se résoudre à conserver la contingence. *Secundo*, nous édulcorerons la dichotomie entre analyse et décision pour tisser un lien entre elles, conserver le continuum, les allers-retours qui lient l'une à l'autre. Ceci permettra d'accepter et d'assumer la subjectivité de l'analyse, donc de rendre au décideur une réelle capacité de décision, tout en favorisant l'ancrage dans le concret.

Mais avant d'en arriver au « Comment s'en sortir », continuons à explorer les champs d'impact de cette confusion.

Assurance et justice sociale

Une lame de fond technologique et sociétale – Justesse : une caractéristique individuelle ? – Y a pas de justice ! – Synthèse et conséquences

Une lame de fond technologique et sociétale

Auparavant, le monde était simple : en France, une maison sur 1 000 brûlait chaque année et la reconstruire coutait 200 000 €, donc chacun payait à son assureur 200 € et se faisait indemniser si sa maison brûlait. Le « prix du risque », c'était 200 €.

Désormais, c'est un peu plus compliqué : avec des équipes d'hydrologues, de géographes et autres spécialistes, on sait que telle maison a un peu plus de chances d'être inondée que sa voisine pourtant située au même niveau. Avec l'information récupérée sur Facebook, on sait que l'adolescent organise des soirées 1,3 fois plus souvent que le fils de la voisine, avec des risques de vitres cassées si ses copains dérapent. On sait également, par la box qui connecte la maison à internet, que le couple commande souvent des pièces de viande pour faire des barbecues, augmentant le risque d'incendie. Toutes ces informations permettent d'évaluer plus finement le risque. Et donc d'affiner le prix. Car personne ne veut payer trop cher. Il faut payer le « juste prix ». Mais qu'est-ce que le « juste prix » quand on ne sait pas s'il y aura un accident ou non, si l'assureur devra rembourser quelque chose ou non ?

Dans l'imaginaire collectif, le juste prix, c'est ce que mon assureur me remboursera statistiquement, ce qui serait équilibré si nous pouvions signer 1000 contrats comparables, ce que les penseurs des Lumières ont désigné comme « équitable », ce que les assureurs appellent la « prime pure » : l'espérance. Est-ce fondé ?

Les Etats-Unis considèrent que oui : pour eux, chacun doit payer ce qu'il va statistiquement coûter. Ce qu'ils commencent à interdire aux assureurs, c'est précisément de s'éloigner de la prime pure. A leurs yeux, faire payer un prix différent à deux personnes parce que l'une est « plus risquée » que l'autre n'est pas immoral, mais en revanche, si deux personnes ont « le même risque », alors augmenter le tarif de l'un d'eux en l'éloignant du « prix de son risque » (en profitant par exemple du fait qu'il ne veuille pas se fatiguer à aller chercher un assureur mieux-disant) serait immoral (et bientôt sans doute illégal). Aux Etats-Unis, la prime pure serait donc le « juste prix » : ils commencent à interdire les discriminations commerciales mais prônent les discriminations liées au risque.

L'Union Européenne se comporte de façon inverse. Par exemple, elle interdit désormais de fixer des tarifs d'assurance différents pour les hommes et pour les femmes. Bien que les femmes vivent statistiquement plus longtemps que les hommes, elles ne doivent pas payer leur retraite plus cher. Bien qu'elles conduisent statistiquement mieux, elles ne doivent pas payer leur assurance automobile moins cher. La liste des critères suivant lesquels il est interdit de discriminer ne cesse de s'allonger depuis quelques décennies. Nous revenons ainsi à notre question : quel est le juste prix d'une assurance, quel est le juste prix du risque ? Ce ne serait donc pas la prime pure ?

L'Europe et les Etats-Unis ont pourtant le même objectif : être juste, équitable. Le questionnement autour de cet enjeu devient de plus en plus acéré en raison des évolutions techniques et sociétales. De fait, les progrès technologiques en cours (qu'ils soient liés aux objets connectés et aux réseaux sociaux qui permettent de collecter de plus en plus de données, à la puissance de calcul des ordinateurs et aux progrès de la *data science* qui permettent conjointement d'exploiter de plus en plus de données, ou encore aux progrès de la génomique) permettent de caractériser de plus en plus finement les populations à risque. Ces possibilités nouvelles revivifient naturellement les tensions issues de la diversité des points de vue sociaux. D'un côté, *« le consommateur exige de plus en plus de payer le prix qui correspond à son risque »*[30] . De fait, les enquêtes de terrain montrent de plus en plus une demande d'individualisation des produits. Mais, d'un autre côté, la lutte contre les discriminations s'accroît. Le déplacement des équilibres entre société et individus, entre solidarité et responsabilisation est par exemple frappant en matière d'assurance santé, où les *focus group* montrent notamment un schisme générationnel particulièrement marqué. Ainsi, si on demande à des personnes dans quelle mesure chacun devrait payer son assurance santé en fonction de son risque, les réponses des séniors sont globalement : « *si je fais du sport, c'est parce que j'aime ça. Si grâce à cela je suis en bonne santé, tant mieux pour moi. Il n'y a pas de raison que cela ait en plus un impact sur le prix de mon assurance* ». Une génération en dessous, la réponse ressemble davantage à : *« les gros doivent se prendre en main et cesser de se laisser aller. Je ne vois pas pourquoi je paierais pour eux. Il faut être responsable* ».

Se demander quel est le « juste prix du risque » nous amène donc à poser une question au sein d'un nouveau cadre qui résulte de la combinaison de deux visions du monde. D'une part un monde techniquement nouveau où existerait un juste prix individuel au sens « justesse », c'est à dire une espérance individuelle qui serait bien définie, qui serait une caractéristique intrinsèque de chacun à un instant donné, et dont les progrès technologiques nous permettraient de nous rapprocher de plus en plus finement. Et d'autre part un monde socialement nouveau où existerait un juste prix individuel au sens « justice » : le prix du risque moralement juste, spontanément défini pour certains par analogie avec un jeu de hasard où on aurait autant de chances de gagner que de perdre et qui serait alors, peu ou prou, l'espérance statistique de l'aléa subi par l'assuré. Etudions chacune de ces ambitions.

Justesse : une caractéristique individuelle ?

Prenons un exemple : par exemple une assurance pour un trajet en autolib. Quelle référence prendre pour calibrer votre tarif personnalisé ? L'espérance de coût d'un conducteur moyen ? On peut faire plus fin. L'espérance pour un conducteur moyen homme de 45 ans ayant son permis depuis 25 ans et qui a tous ses points ? On peut aujourd'hui faire beaucoup plus fin : quand vous récupérez une autolib à une borne, on sait de quel jour et de quelle heure il s'agit : on peut donc savoir que c'est en période de vacances scolaires (donc avec moins de monde sur les routes) mais à 8h (donc avec telle circulation)... Mais on peut faire encore plus fin : il y a un GPS et on peut donc connaître votre trajet précis (vous le faites tous les matins) en sachant qu'il y a juste un passage dangereux (mais dans lequel vous freinez souvent) et rapprocher cela des données Météo France qui indiquent qu'aujourd'hui la chaussée est mouillée... Mais pourquoi s'arrêter là ? Votre smartphone nous indique que, la dernière fois que vous avez décroché, vous aviez la voix enrouée : un rhume diminue vos réflexes. Qui plus est, il a identifié dans votre agenda une réunion importante dont la préparation est sans doute en train de vous absorber dans vos pensées, et ce d'autant plus qu'avant d'entrer dans la voiture vous avez reçu un mail dont il a détecté la tonalité particulièrement agressive...

Votre espérance personnalisée sur ce trajet, cette caractéristique individuelle qu'il semblait légitime de refléter dans le tarif, n'est plus la même selon qu'on la détermine maintenant ou qu'on se téléporte cinq ans plus tôt avec le même horaire, la même météo, le même rhume, la même réunion, etc. Elle aurait alors été différente parce qu'il y a cinq ans, on l'aurait mesurée différemment, sans que votre smartphone détecte que vous étiez enrhumé, sans que l'agenda analyse l'importance des participants à la réunion, sans qu'il reconnaisse textuellement le caractère agressif du mail reçu. Avec les mêmes airbags, la même météo, les mêmes réunions, bref *le même risque*, votre espérance personnalisée aurait été différente parce que la société n'avait pas développé les mêmes outils de mesure. L'espérance, la prime pure, *n'est donc pas une caractéristique intrinsèque de l'individu*, mais une propriété de l'individu *immergé dans une société donnée.* Elle est totalement contingente à l'avancement des *data science*, aux progrès de la puissance de calcul, au développement des réseaux sociaux sur lesquels on poste ou non les photos de la soirée de la veille, aux avancées de la médecine qui anticipe mieux ceci, etc.

Parce que l'individu est unique, parce qu'il fait face à l'aléa et non à la pluralité, il n'est pas possible de quantifier objectivement son risque. La prime pure ne peut pas être une quantité objective pour lui : elle est forcément arbitraire, contingente aux conventions de calcul ; des conventions parfois explicites (il est légal ou non d'utiliser le sexe comme variable tarifaire), parfois implicites (utiliser le lieu d'habitation comme variable tarifaire ?) et parfois inconscientes (ne pas tenir compte d'un paramètre parce qu'on n'a pas encore pensé à l'utiliser ou parce personne n'a encore réalisé qu'il avait de l'impact).

Certes, mais on pourrait se consoler en se disant qu'à tout le moins, chaque étape est plus précise que la précédente : ce n'est jamais parfait, mais « on progresse ». Est-ce le cas ? Prenons un exemple : le risque d'avoir un accident vasculaire cérébral.

La première estimation, c'est la moyenne générale sur l'ensemble de la population (étape 1). Puis la médecine progresse régulièrement. Tout d'abord, on réalise qu'en tant qu'homme, notre patient est davantage exposé que s'il était une femme (étape 2). Puis, interrogé sur d'éventuels antécédents familiaux, on apprend qu'il n'en a pas. Sa probabilité de tomber malade et donc sa prime pure chutent considérablement (étape 3). Il fait alors des analyses : on découvre qu'il a du cholestérol : sa prime pure remonte (étape 4). Mais la médecine progresse et on réalise qu'il y a du bon et du mauvais cholestérol ; qui plus est, il boit ni trop ni trop peu : sa prime pure baisse (étape 5). Ses objets connectés nous informent qu'il fait du sport : sa prime pure baisse encore (étape 6). Mais la médecine se rend compte que le stress est un paramètre très important… et son smartphone est consulté très fréquemment la nuit, un bon indice de stress professionnel aigu : sa prime pure remonte en flèche (étape 7)… enfin, il aura un AVC ou non : ce sera 0 ou 1.

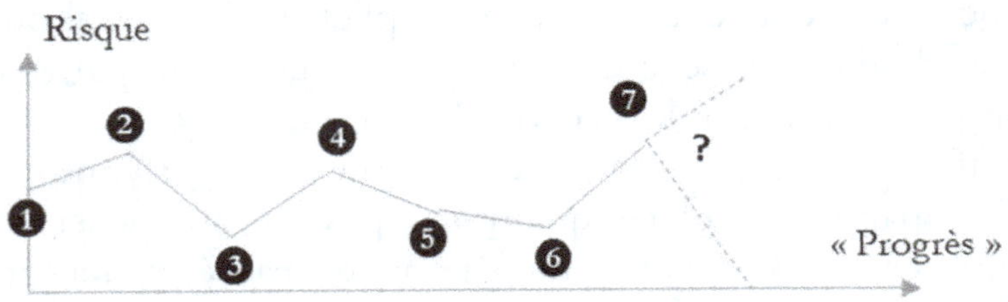

Chaque étape est susceptible de contredire en signe et en amplitude l'évolution précédente, sans que se dégage donc la moindre tendance ni le moindre espoir de convergence : il n'y a aucune raison pour que les estimations successives fondées sur des classes de plus en plus fines et précises convergent. Ainsi, le « progrès » dans la caractérisation des catégories ne conduit pas à affiner la marge d'erreur, ne permet pas de préciser l'estimation.

Pour l'assuré, quelle serait la légitimité d'un tarif où on lui dirait (fin de l'année 3, début de l'année 4) :

- *« nous sommes plus précis que l'année dernière dans nos estimations, et nous voyons que vous avez davantage de risque que ce qu'on pensait, nous allons donc augmenter le tarif.*

- *Ah bon, mais donc on revient au tarif d'il y a deux ans… alors que vous m'aviez dit l'année dernière que vous aviez progressé dans la mesure de mon risque.*
- *Oui, mais depuis, on a encore progressé.*
- *Mais si on revient au niveau d'il y a deux ans, c'est que l'année dernière vous aviez régressé. Or vous m'aviez alors dit que vous aviez progressé.*
- *Ben si, mais on a encore plus progressé*
- *Bon, mais là, vous êtes sûrs de vous ?*
- *Oui oui, là c'est mieux, c'est plus fin.*

Et l'année suivante (fin de l'année 4, début de l'année 5) :

- *Ça baisse, vous êtes moins risqués que ce qu'on craignait.*
- *Donc l'année dernière vous m'avez arnaqué en me faisant payer plus cher alors que c'était faux.*
- *Ben si, mais depuis on a progressé.*
- *Mais c'est déjà ce que vous m'aviez dit l'année dernière, et là vous revenez une fois de plus en arrière !* »

On ne voit pas bien ce que pourrait conclure l'assuré d'autre que l'assureur est un incompétent ou qu'il se moque de lui.

Ainsi, *vue par l'assuré*, la prime pure est non seulement contingente à la société dans laquelle il se trouve (le fait que les médecins soient capables de distinguer le « bon » cholestérol du « mauvais »), mais en outre, on ne peut pas considérer qu'il y ait un « sens de l'histoire », un progrès dans nos connaissances[31].

Pas de justesse dans la mesure du risque, dans le juste prix, donc.

Et quand bien même on pourrait le mesurer, y aurait-il une justice à tarifer ainsi ?

Y a pas de justice !

Dans le domaine médical, les modalités de prise de décision en situation d'incertitude évoluent. Ainsi, un chercheur de l'institut Curie explique que, en matière de lutte contre les cancers féminins, on était auparavant très paternaliste : le médecin, expert, prenait la décision pour la patiente d'enlever un sein, les deux, les ovaires, etc. Deux avocats américains, s'inquiétant du nombre de procès médicaux, se sont alors rendu compte que le fait de donner davantage d'information aux patients permettait de réduire les risques de contentieux. Les médecins ont donc adopté un comportement à l'opposé, expliquant les avantages et les inconvénients de chaque option pour accompagner une prise de décision *par le patient.*

Quelle est la différence entre une décision prise par un médecin bien informé et un patient inévitablement moins expert ? Le médecin voit beaucoup de patients. Lorsqu'il prend une décision, il fait face à une pluralité. Naturellement, il optimisera donc ce qui est statistiquement le plus pertinent, ce qui en moyenne (la moyenne existe pour lui) est le plus adapté. Le patient, en revanche, est en situation aléa. Il n'aura pas un demi-cancer ou un dixième de cancer. Pour lui, « il n'y a pas de probabilité, c'est 100% ou 0% ». Ainsi, les indicateurs statistiques qui ont du sens pour le médecin n'en ont aucun pour le patient qui prendra sa décision suivant d'autres critères (par exemple « m'est-il personnellement quasi-indifférent ou bien au contraire quasi rédhibitoire d'envisager de vivre sans sein ? » ; dans le premier cas, même si je n'ai pas de prédisposition particulière, je me ferai faire une mastectomie ; dans le second, même si je suis particulièrement à risque, je déciderai de courir ce risque).

Il en va de même pour un assureur et un assuré lorsqu'il s'agit de fixer le tarif du contrat. Pour l'assureur, la « prime pure », c'est-à-dire l'espérance de l'indemnisation, a du sens : la loi des grands nombres s'applique : s'il tarifie au dessus, il réalisera des bénéfices et, s'il tarifie en dessous, il subira des pertes. Pour l'assuré en revanche, la prime pure n'a pas de sens. Il s'agit d'une grandeur totalement virtuelle, reposant sur le raisonnement « même pas faux » que nous avons décrit, raisonnement dont la prémisse est une condition de répétabilité impossible à vérifier.

Le coût du risque pour l'assureur n'a aucune raison d'être le « juste prix » du risque aux yeux de l'assuré. Il n'existe guère de domaine, d'ailleurs, où le prix que le consommateur accepte de payer corresponde au coût pour le producteur : dans le luxe où les marges sont considérables, il est bien plus élevé ; et dans les transports largement subventionnés, il est bien plus faible. Si vous envisagez de souscrire une assurance prévoyance pour que vos enfants puissent toucher une rente pendant leurs études au cas où vous décéderiez avant, vous n'allez pas prendre votre décision en fonction du fait que ce serait plus ou moins rentable pour l'assureur. Vous la prendrez plutôt en fonction d'un ensemble de réponses à des questions telles que « que devrais-je abandonner pour payer cette cotisation ? » ou bien « ma propension à périr demain est-elle négligeable à mes yeux ? ». Mais la question de la rentabilité statistique que représenterait pour vous la signature de ce contrat, comme s'il s'agissait d'un investissement financier, n'entre guère en ligne de compte.

Qu'en conclure ? Que le « juste prix » payé par l'assuré, au sens justice, n'a aucune raison de correspondre au coût de son risque. Affirmer le contraire, ce serait plaquer le point de vue pluriel de l'assureur sur l'assuré, qui n'a pas du tout le même point de vue puisqu'il est en situation aléa. Pour l'assuré, l'espérance est bien une grandeur « même pas fausse » : elle n'a juste pas de sens. Ainsi, l'argument « moral » consistant à légitimer une différenciation tarifaire par la soi-disant justice sociale d'un tarif individuel ne tient pas[32].

Synthèse et conséquences

Où en sommes-nous vis-à-vis du juste prix ? Nous avons montré que, si le « juste prix », en tant que moyenne de ce que coûte une catégorie d'assurés, a du sens pour l'assureur, il n'en a en revanche pas pour l'assuré. Il n'en a pas au sens de justesse, puisque la prime pure n'est pas une caractéristique *intrinsèque* de l'individu, mais uniquement une propriété d'un individu plongé *dans une société donnée à un instant donné*, et puisque qu'il n'y a pas de notion de progrès dans le raffinement de l'estimation qui peut en être faite. Et il n'en a pas au sens de justice, puisqu'il n'y a pas de notion d'équité contractuelle sous-jacente pour l'assuré.

Donc, du point de vue de l'assuré, rien ne s'oppose à ce que la société, dont les avancées technologiques font évoluer arbitrairement les estimations tarifaires, décide « arbitrairement » d'interdire tel ou tel critère de différenciation : l'arbitraire aveugle du médecin découvrant par hasard que tel gène prédispose à telle maladie (alors qu'il aurait pu tomber sur une *autre* découverte, et réaliser que tel autre gène prédisposait à telle autre maladie) ou celui de tel physicien découvrant *par chance* comment augmenter la puissance de calcul (alors qu'il essayait de résoudre tel ou tel problème de physique fondamentale) ont des impacts sur la prime pure qui sera mesurée. Ils n'ont pas de raison d'être plus légitimes que celui d'un groupe de députés décidant d'interdire *telle* différenciation. Bien au contraire, puisque l'arbitraire du progrès médical ou technique est aveugle, hasard subi par la société, alors que l' « arbitraire » législatif est collectivement consenti. Rien ne s'oppose donc à ce que la puissance publique interdise les différenciations que la société souhaite baptiser discriminations.

Dès lors, il n'y a plus à mettre en balance la solidarité avec la revendication morale d'une pseudo-justice même-pas-fausse appuyée sur une pseudo-justesse fantasmée. L'équilibre à trouver est entre absence d'exclusion et responsabilisation[33]. Ce d'autant plus qu'il est tout à fait possible de bâtir des solutions intermédiaires entre une liberté de différenciation absolue et une uniformisation totale. Ainsi, une ingénierie sociale éprouvée permet déjà des différenciations encadrées par certaines limites, comme dans le cas du bonus/malus en assurance automobile dont la modulation (un facteur sept entre les bons et les mauvais conducteurs) est bien inférieure à l'écart qu'on peut effectivement constater en termes de sinistralité, ou dans le cas de conventions qui permettent de contraindre assureurs et banquiers de ne pas exclure du marché par des tarifs excessifs les clients potentiels présentant un risque de santé particulier.

Au-delà, soulignons le paradoxe dans la tentation de tarifer chacun personnellement pour respecter sa dimension propre, en tant qu'individu. En effet, le fait de raffiner les cases se justifie par un individualisme à outrance, mais nie l'individu. De fait, l'assuré, affublé d'une statistique telle que l'espérance, ne peut plus, au fond, être vu comme un individu. Pour pouvoir réaliser la mesure, celle qui serait censée lui être propre, personnelle, individuelle, intrinsèque, il est nécessaire de le considérer comme « en tant que ». Reprenons l'exemple de la cotisation à payer pour couvrir le risque d'AVC : ce ne peut pas être la prime pure de Martin Dupont, mais uniquement la prime pure de Martin Dupont *en tant que* homme, *en tant que* homme sans antécédent familiaux,... *en tant que* homme sans antécédent familiaux ayant du bon cholestérol faisant du sport et étant stressé. Martin Dupont n'existe plus : il n'existe plus qu'un homme sans antécédents familiaux ayant du bon cholestérol faisant du sport et étant stressé. Une grandeur statistique se voulant individuelle n'a rien de personnel. Elle ne peut pas être mesurée si l'individu n'est pas plongé dans une société. Il s'agira toujours d'un individu « en tant que ». En tant que partie d'une société. La mesure réalisée n'est donc pas celle de la caractéristique d'un individu, mais celle d'une intersection de critères délimitant une petite brique de société.

Ainsi, paradoxalement, cette individualisation tue justement l'individu, puisque cela lui interdit d'échapper à sa catégorie statistique : il est enfermé toujours plus étroitement dans la vision que la société porte sur lui, les caractéristiques qu'elle lui assigne, l'espace où elle le cantonne. Les statistiques sont ici la version scientificisée des préjugés, elles « objectivent » des sentiments qui en tant qu'intuitions seraient réprouvés. Le paroxysme actuel d'une telle politique peut être observé non en assurance, mais dans le domaine judiciaire. Depuis une vingtaine d'années aux Etats-Unis, certains Etats, environ la moitié désormais, pratiquent malgré les controverses ce qu'on appelle l'*evidence based sentencing* : lors des condamnations pénales, la durée d'emprisonnement est fonction du fait que la personne est mariée ou non, noire ou blanche, diplômée ou non, etc. En effet, la population a été découpée en cases pour observer la dispersion de la récidive. Un célibataire jeune et peu diplômé étant « scientifiquement » dans une catégorie davantage récidiviste, sa peine doit être plus longue…

Lors d'une interview, un journaliste s'étonna un jour de la santé de Churchill : très grand buveur, soumis à un stress intense, dormant sans doute très peu, corpulent, fumeur, il faisait pourtant preuve d'une longévité exceptionnelle. Face à cette interrogation sur le secret d'une telle santé, Churchill prit une gorgée, reposa son verre, tira lentement sur son cigare, et laissa tomber, au bout du suspens : « *no sport* ». Statistiquement, donc « objectivement », « rationnellement », « scientifiquement », Churchill serait mort d'une maladie cardio-vasculaire bien avant le début de la Seconde Guerre mondiale.

Questions de société

> Penser au bon niveau – Des heuristiques existantes… – … aux décisions pour demain

Les enjeux sociaux de la confusion entre les situations d'aléa et les situations plurielles sont bien plus vastes que la simple question des tarifs d'assurance : leur distinguo est donc fécond dans de nombreux domaines de choix social et de responsabilité des décideurs. Pourquoi ? Parce que, de façon générale, nous avons du mal à comprendre le passage du collectif (pluralité) à l'individuel (aléa), et vice-versa.

Prenons un exemple ambivalent, celui des agences de notation, avant de quitter le secteur financier. Peu après le début de la crise par exemple, on a pu lire des spécialistes critiquant « des erreurs spectaculaires » parce que quelques sociétés notées A avaient fait défaut, cessant de rembourser leurs dettes. Ces critiques sont absurdes : noter A une société, c'est bien considérer qu'elle *peut* faire défaut, ne serait-ce que parce qu'elle est moins sûre, donc davantage susceptible de faire défaut, qu'une entreprise notée AA ; entreprise qui elle-même est moins sûre, donc davantage susceptible de faire défaut, qu'une entreprise notée AAA. *A contrario*, si aucune société notée A ne faisait faillite, cela signifierait que les agences de notation font mal leur travail, en ayant considéré *à tort* qu'elles étaient plus risquées que les sociétés notées AAA. Une telle critique est donc infondée.

Le problème sous-jacent est qu'il est impossible de porter un jugement sur la qualité individuelle d'une notation : on ne peut que juger que, *collectivement*, les entreprises ayant telle notation ont, ensemble, d'un point de vue extérieur et global, été plus solides ou non qu'un autre collectif de sociétés ayant une notation différente. Une critique consistant à dire « telle société a fait faillite alors qu'elle était bien notée, donc le jugement porté par l'agence était de mauvaise qualité » est donc absurde.

Certes, nous sommes là sur une pente dangereuse : avec un tel raisonnement, au niveau individuel, aucune issue, quelle qu'elle soit, ne remet en cause le jugement initial : nous retrouvons notre absence de responsabilité. Nous verrons ultérieurement comment articuler ces deux pans en opposition. Pour l'instant, concentrons-nous sur le premier bloc.

Penser au bon niveau

Prenons un exemple concret : considérons la décision d'investir dans de nombreux projets dont statistiquement certains seront des échecs et d'autres de très grands succès. C'est le cas de l'Etat français lançant Airbus, le Concorde, le TGV, le Plan calcul, Ariane, etc. ou encore de Google se lançant tout à la fois dans la génomique, les lunettes connectées et les voitures sans conducteur. Il n'y aurait pas de sens à reprocher à l'Etat français d'avoir lancé le Plan calcul ou à Google d'avoir investi sur les lunettes connectées : s'ils ne l'avaient pas fait, il n'y aurait pas eu non plus d'investissement dans Airbus, le nucléaire ou les voitures sans conducteur. Le choix d'investir dans l'ensemble de ces projets est une politique globale et qui doit être appréhendée d'un bloc. *Ex post*, on constate ou non que lancer *l'ensemble* de ces chantiers constituait *globalement* UNE décision pertinente. Et puisqu'elles forment un tout indissociable, cela ne signifie pas qu'*ex ante*, on aurait dû prendre certaines sous-décisions et d'autres non. Il n'est pas légitime, *ex post*, d'isoler parmi un ensemble de phénomènes individuellement aléatoires ceux qui se sont révélés adverses, et d'en faire grief, en ignorant qu'un Etat ou une entreprise comme Google gèrent, lorsqu'ils lancent de tels investissements, une situation plurielle. Ainsi, de même que juger de la qualité d'une probabilité décrivant la pluralité (c'est-à-dire une proportion) en fonction d'une unique observation (par nature aléatoire) est faire une erreur de raisonnement, il n'est pas pertinent de décomposer une situation plurielle en représentant la décision associée comme une somme de décisions successives en situation aléa. De fait, on modifie alors la nature du phénomène considéré (déterministe dans le premier cas et fondamentalement aléatoire dans le second), et partant la modalité de prise de décision pertinente.

On retrouve le même type d'incompréhension entre la justice et les citoyens, lorsqu'ils semblent exiger d'elle une absence totale d'erreur. Un juge est souvent en situation d'aléa, typiquement lorsque, l'une des parties disant blanc et l'autre noir, le juge doit prendre une décision sur la base d'informations parcellaires. Il est alors *inévitable* qu'il y ait des réalisations adverses : des erreurs judiciaires. Bien sûr, la justice doit rendre des comptes à la société dans son ensemble : elle fait face à une pluralité de jugements, et on peut raisonnablement lui demander un pourcentage d'erreur le plus faible possible. Mais lorsqu'un fait divers conduit à mettre en accusation la justice en raison d'*une* erreur de jugement, il y a une confusion de points de vue : parce qu'on analyse médiatiquement la situation sous l'angle des victimes (aléa, insupportable) on oublie de se placer du point de vue de la société (pluralité, inévitable) qui est, pour juger l'action d'une institution sociale comme l'est la justice, le seul pertinent.

Le champ économique et social est particulièrement riche d'applications du distinguo entre aléa et pluralité, et d'éventuels contre-sens associés. Prenons l'exemple de la fiscalité, et de ce qu'il serait, entre revenus du capital et du travail, le plus « juste » d'imposer lourdement. Un ministre de l'Economie affirmait récemment « *la différence essentielle entre le capital et le travail, c'est la prise de risque* ». Il n'a pas tort. Mais la différence n'est pas dans le sens auquel on a tendance à penser spontanément, habitués que nous sommes au discours consistant à considérer que faire un choix d'investissement, c'est faire courir un risque à son capital. De fait, les investissements financiers sont dispersés sur plusieurs lignes. Le principe des fonds à indice, du capital-risque, ou des *business angels* est d'investir dans plusieurs entreprises différentes : le risque est noyé dans la pluralité. Le principe même des « fonds » est de diversifier, donc de jouer sur la pluralité pour obtenir une moyenne, sans craindre qu'une certaine proportion des investissements ait été faite à fonds perdus. *A contrario*, chacun n'a généralement qu'un seul emploi. Ainsi, lors du lancement d'une *start-up* par exemple, ceux qui apportent le capital ne sont pas en situation de risque et, inversement, les personnes qui y travaillent portent le risque de basculer au chômage pour les uns, ou de ne pas avoir la carrière davantage tracée d'un grand groupe pour les autres. De même, si on considère les parties prenantes d'une grande entreprise, ses actionnaires diversifient leur capital et sont en situation plurielle. Alors qu'à l'inverse, l'employé peu diplômé qui serait licencié et risque de rester englué dans le chômage est, parce qu'il n'a qu'un seul travail, en situation aléa. Le ministre a donc raison, une différence essentielle entre le capital et le travail est la prise de risque. Mais c'est le travail qui, parce qu'on n'en a qu'un, est porteur d'aléa : s'investir dans un métier est plus risqué qu'investir son capital dans un portefeuille d'actifs.

Des heuristiques existantes…

De façon plus générale, le fait qu'un choix puisse être pertinent en situation plurielle et non en situation aléa pourrait expliquer le fait que, en matière d'évolution, les organismes subissent des évolutions génétiques aléatoires. Certes, un tel aléa n'est sans doute pas souhaitable au niveau individuel : une mutation est le plus souvent un défaut et un individu placé face à l'option d'avoir un gène aléatoirement déviant refuserait sans doute. Mais la pluralité de ces mutations est bénéfique à l'espèce, qui peut se permettre des pertes ponctuelles et a beaucoup à gagner en cas de développement inopiné de nouvelles capacités.

Un risque individuellement trop élevé peut ainsi être constitutif d'une pluralité bénéfique à la société. Ou le contraire. Face à ces divergences de pertinence entre un choix individuel en situation d'aléa et le cumul de choix individuels au sein d'une société en situation plurielle, nos sociétés ont développé des heuristiques. Ainsi, la société s'efforce de distordre les prises de décisions individuelles par des mécanismes qui brident la prise de risque ou bien au contraire la promeuvent. Dans la première catégorie, on retrouve par exemple les régulations prudentielles, qui visent à empêcher les institutions financières et leurs dirigeants de prendre autant de risques qu'ils le souhaiteraient, afin de limiter les faillites. A l'opposé, on retrouve dans la deuxième catégorie le principe de la société anonyme à responsabilité limitée, qui permet de protéger le patrimoine des dirigeants et des actionnaires contre les demandes des créanciers en cas de faillite, les poussant à prendre davantage de risques. Quelle est la différence entre ces deux situations ?

D'un côté, ceux qui subiront les conséquences de la faillite sont les épargnants : ils sont en situation d'aléa, il faut les protéger ; de l'autre, ce sont les fournisseurs : ils sont en situation plurielle et il n'y a pas lieu de les protéger. Explicitons cela.

Commençons par la situation d'une institution financière. Les épargnants ne multiplient généralement pas leur assurance vie ou leur compte d'épargne retraite : face à la faillite de leur assureur ou de leur banquier, ils sont donc en situation aléa. L'enjeu n'est alors pas de maximiser une espérance virtuelle : l'éventualité d'une ruine serait trop douloureuse pour les épargnants concernés, il faut donc limiter sa potentialité et son impact. La société biaise la prise de risque qui serait optimale du point de vue des actionnaires (qui, eux peuvent diversifier leurs placements, sont donc en situation plurielle et ne se soucient donc pas du risque puisque leur espérance s'incarnera quoi qu'il en soit dans une moyenne) en mettant en place des contraintes prudentielles, et protège ainsi les épargnants qui sont en situation aléa.

A contrario, que se passe-t-il si une entreprise non financière fait faillite ? Ses créanciers, c'est-à-dire ses fournisseurs, ne seront pas remboursés et ils perdront une partie de leur chiffre d'affaires. Mais, pour la plupart d'entre eux, il s'agit là d'une situation plurielle : statistiquement, chaque fournisseur a un certain nombre d'entreprises clientes, et il sait à l'avance qu'il devra subir des pertes, d'un client ou d'un autre. Un équilibre pertes/gains peut alors être socialement mis en place, il est efficace et il ne faut pas venir le perturber par un dirigeant qui serait, lui, en situation d'aléa en répondant de la faillite sur ses biens propres. Ceci explique pourquoi on a mis en place des mécanismes de responsabilité limitée.

… aux décisions pour demain

Ce distinguo entre un individu faisant face à de l'aléa et la société (pays) dont il fait partie faisant face à une pluralité peut être étendu à un niveau supérieur : celui de la société en tant qu'espèce. Ainsi, notre espèce ayant acquis la capacité de modifier l'ensemble de la planète (climat, OGM, etc.), elle se trouve désormais, pour certains de ses choix, en situation aléa : l'unification et la puissance technologiques de nos sociétés est telle que l'espèce humaine a, dans certains domaines, basculé d'une situation plurielle à une situation aléa. Les outils de décision doivent alors être contingents à la nature de la situation.

Par exemple, lorsqu'il s'agit de nucléaire civil, les dommages peuvent être lourds, mais sont géographiquement et humainement limités : une proportion très faible des êtres humains a été affectée par Fukushima. On peut donc considérer que l'espèce humaine est en situation plurielle : il y a un certain déterminisme et on peut appliquer un raisonnement coûts/bénéfices. Ne serait-ce qu'à l'échelle d'un pays équipé de plusieurs dizaines de centrales et les faisant fonctionner sur plusieurs décennies, un accident grave une année sur une centrale touche une proportion limitée de la population et son éventualité relève pour le pays d'une situation plurielle.

En revanche, face au changement climatique ou aux OGM, l'espèce humaine se trouve en situation aléa : si le climat est déréglé, c'est toute l'espèce humaine, d'un bloc et pour toujours qui en est affectée. Dans ce cadre, puisque ces indicateurs statistiques sont dépourvus de pertinence, il n'y a pas d'analyse risque/rendement pertinente[34]. Un autre schéma d'analyse doit donc être utilisé, cela fera l'objet de notre dernière partie.

Pourquoi ?

Comme nous l'avons vu, pour tenter de comprendre comment pensent les gens en incertain ou pour décréter la façon dont ils devraient penser, les économistes fondent leurs raisonnements sur l'espérance, c'est-à-dire sur la moyenne virtuelle de futurs inconciliables.

Les banquiers et les assureurs, pour leur communication financière ou, dans le cadre de la nouvelle réglementation européenne, pour leur gestion des risques, utilisent des outils fondés sur des grandeurs statistiques. Par exemple, ne sachant pas comment évolueront les marchés financiers, ils simulent des milliers de scenarii aléatoires exclusifs les uns des autres, et en déduisent des moyennes, là encore vides de sens tangible. Ponts entre les réflexions universitaires et la pratique opérationnelle (à fort impact sociétal), engagées dans des démarches ambitionnant d'améliorer la gestion de leurs risques et s'appuyant massivement sur ces outils que nous critiquons, ces institutions financières nous fournissent un excellent cas d'école pour comprendre et illustrer pourquoi des outils aussi peu pertinents sont tant utilisés.

De façon très générale, trois explications sont candidates pour expliquer pourquoi des outils sont utilisés. La première est qu'ils sont imposés, que cela résulte d'un rapport de force. Dans le cas présent, il y a peu de coercition : même si la réglementation prudentielle peut contraindre certains acteurs à utiliser de tels outils, elle n'a fait qu'entériner *a posteriori* leur assise sur notre vision du risque. La deuxième est que, par mimétisme entre les acteurs par exemple, ils ont acquis une légitimité. La troisième est qu'ils sont utiles, fonctionnels. Nous allons explorer ces deux dernières pistes.

Une forme de légitimité ?

Depuis deux siècles pour les uns, depuis quelques décennies pour les autres, assureurs et banquiers utilisent des modèles quantitatifs. Avec succès : dans le cadre de leur activité quotidienne, ces modèles permettent de dégager des bénéfices.

Il est alors tentant, naturellement, de transposer à ses propres risques des modèles qu'on a déjà utilisés avec succès pour appréhender le risque d'autrui. Ce sont deux phénomènes différents, mais les institutions financières sont tentées de se dire que, parce qu'elles savent gérer les risques d'autrui, elles savent gérer leurs propres risques. Toutefois, contrairement aux discours usuels, le cœur de métier des assureurs et des banquiers n'est pas la gestion des risques, mais de la pluralité. Les aléas d'autrui sont pour eux une pluralité.

Prenons un exemple pour mieux comprendre la confusion. Considérons un pêcheur à pied dans la baie du Mont Saint-Michel, et l'usine marémotrice de la Rance, juste à côté. Pour le pêcheur à pied, la marée est un danger : vivre avec relève de la gestion des risques. Pour l'usine marémotrice, la marée est une matière première : il s'agit du carburant qui alimente son activité de gestion de la pluralité temporelle du niveau de la mer. L'usine marémotrice n'est pas une professionnelle de la gestion des risques, elle utilise simplement les risques d'autrui (la marée) pour produire son électricité. Sa turbine n'est pas un outil de gestion des risques. Et si un tsunami survient, la capacité de survie de l'usine marémotrice sera indépendante des caractéristiques de la turbine.

Cette confusion entre l'aléa d'autrui et l'aléa auquel on est soi-même exposé est alimentée dans l'industrie financière par un certain continuum entre pluralité et aléa qui a permis de faire glisser progressivement ces outils d'un champ d'utilisation à l'autre[35] : la spécificité de l'industrie financière est que les phénomènes aléa correspondent souvent à un accroissement temporaire très brutal de la fréquence ou de l'amplitude de phénomènes pluriels. Cette unicité de nature « physique » de l'événement aléa et de l'événement pluriel facilite l'amalgame entre le risque pluriel du « *business* » et le risque aléatoire du « danger » : l'utilisation d'outils statistiques dans le second cas est vue comme une extension naturelle d'outils qui ont fait leurs preuves dans le premier cas, sur des phénomènes apparemment similaires. L'identité des phénomènes sous-jacents aux événements aléa et pluriels facilite ainsi l'amalgame entre ces deux catégories d'événements, et le fait que la différence entre aléa et pluralité ne soit pas bien perçue est une source de légitimité indue de ces outils.

Des symptômes de cette confusion sont par exemple l'omniprésence du discours des institutions financières « nous sommes des professionnels du risque » alors même qu'ils ont mis en place des directions des risques bien après l'industrie, ou bien la présentation des manuels de *pricing* d'options qui prétendent être des ouvrages de gestion des risques, ou encore le positionnement des directions des risques en banque qui revoient des modèles de tarification et ne sont donc finalement rien d'autre que des contrôles de gestion surveillant la rentabilité courante des tarifs.

On retrouve une telle confusion dans le discours que m'avait tenu un analyste quantitatif qui avait passé quelques années dans une grande banque française à Londres, après la crise :

> « *Suite à 2008, il a fallu expliquer 2 milliards de pertes, c'est à dire trouver des modèles qui auraient permis de les éviter. On a testé plusieurs modèles plus complexes, de la vol sto [volatilité stochastique]... et en fait, ça ne marchait pas. On se rendait compte qu'on se serait fait exploser à chaque fois* ».

Cet analyste quantitatif n'aurait pas dû être déçu : ses tentatives étaient vouées à l'échec, la mission assignée aux modèles était ici impossible. De fait, les modèles utilisés par les banques d'investissement pour pratiquer leur activité sont des modèles de rentabilité, de business face à la pluralité des fluctuations *intraday*. Ce ne sont pas des modèles prédictifs permettant d'anticiper l'aléa. Dès lors, face à une situation « non standard », il était inévitable que leurs « prévisions » fussent erronées : la pluralité constatée en 2008 ne peut pas correspondre à la pluralité estimée à partir des années précédentes. L'aléa auquel est exposée la banque, le risque qu'elle doit gérer, ce ne sont pas les fluctuations *intraday*, mais c'est justement une modification brutale de cette pluralité. *Il n'y a aucune raison pour que les outils permettant de gagner de l'argent avec une pluralité déterministe puissent anticiper une modification aléatoire de ce phénomène déterministe.* La réaction de cet analyste correspond à celle du patron de notre usine marémotrice qui serait dépité en se disant « quelle que soit la turbine qu'on choisisse, face au tsunami, notre usine aurait été explosée ». Effectivement. Une marée et un tsunami, ce sont deux phénomènes de nature différente. La turbine peut être très efficace, en termes de rentabilité, pour produire de l'électricité avec les aléas d'autrui, mais elle ne permettra pas de gérer ses propres aléas.

Mais l'industrie financière a subi un tsunami. Elle a eu l'occasion de constater empiriquement, concrètement, que ces outils ne sont pas des outils efficaces de gestion des risques. La légitimité apparente de ces outils peut certes être induite par des proximités favorables aux amalgames mais, passés au révélateur des faits, ces outils ne franchissent pas l'épreuve. En les observant froidement, on ne peut qu'avoir conscience du fait qu'ils ne fonctionnent pas[36]. Tout comme les penseurs des Lumières puis l'économie ont, décennie après décennie, patiemment mis en évidence à quel point la décision en aléa ne pouvait être correctement appréhendée par le recours à une espérance. Pourtant, les financiers continuent de mobiliser ces outils dans leurs pratiques, tout comme les économistes continuent de les mobiliser dans leurs théories. Nous devons donc chercher au-delà d'une légitimité révolue les sources de leur utilisation répétée.

Des outils fonctionnels

L'important, c'est de pouvoir conclure… - Le Saint-Bernard – Matignon, à Londres – Si on n'est pas responsable, on n'est pas coupable – Et la morale dans tout cela ?

L'important, c'est de pouvoir conclure…

« *Pour rassurer sa fille, il se mit à expliquer [...] ; des explications techniques, données de mauvaise foi au surplus, que peu comprirent et dont personne ne fut convaincu mais qui consolèrent tout le monde parce qu'elles avaient réussi à transformer la guerre en un clair diagramme de forces au lieu du chaos extrêmement concret et hideux qu'elle est en réalité.* ».

T. de Lampedusa, Le Guépard

Leibniz et Laplace, déjà, écrivaient que la vertu de l'espérance (ou plus généralement du calcul), était de mettre un terme aux discussions. De cesser de se fatiguer à argumenter, à négocier, à discuter le bout de gras. Au 20ème siècle, les économistes recherchent également cette vertu.

En récusant l'espérance et avec elle toute grandeur statistique pour synthétiser une situation en vue d'une prise de décision, nous avons montré que la réduction d'une situation aléa à une statistique synthétique qui serait le fondement de toute théorie de la décision dans l'incertain ne peut pas être rationnelle. Si l'économie, discipline à laquelle la plupart des futurs décideurs sont exposés au cours de leur formation, continue de porter l'espérance comme critère de décision, serait-ce parce qu'elle est aveugle aux critiques que nous faisons ? Non. Certains économistes écrivent explicitement que considérer que les gens prennent leurs décisions en incertain en choisissant l'action qui maximise leur espérance ne correspond pas à la réalité ; ils écrivent explicitement qu'affirmer qu'il est rationnel de le faire n'est pas toujours pertinent (pour des raisons différentes de celles que nous avons exposées). Soyons plus précis. Ils écrivent explicitement que, *certes*, considérer que les gens prennent leurs décisions en incertain en choisissant l'action qui maximise leur espérance ne correspond pas à la réalité ; ils écrivent explicitement que *certes*, affirmer qu'il est rationnel de le faire n'est pas toujours pertinent ; mais ils indiquent explicitement que postuler cela a permis de conclure tant de raisonnements économiques qu'on ne peut pas l'abandonner[37]. D'autres expliquent que recenser tous les résultats théoriques qui tomberaient si on abandonnait cette vision serait trop difficile[38]. En d'autres termes, les économistes ont *besoin*, désespérément *besoin* de cette hypothèse. Ils sont face à elle comme un drogué qui se dirait « ça me détruit les neurones, mais je ne peux pas m'en passer ».

Pourquoi en ont-ils tant besoin ? Parce que pour savoir ce qui est préférable, ils ont besoin de comparer. On ne peut pas comparer deux histoires (par exemple l'histoire « si l'économie va bien, alors les actions monteront et si elle ne va pas bien, elles baisseront » à l'histoire « normalement, l'immobilier est stable, sauf si tout va très très mal »), mais on peut comparer deux chiffres. Il faut donc réduire chaque histoire à un chiffre. Pour élaborer une théorie de la décision générale, non contingente, les économistes ont ainsi besoin d'une grandeur statistique afin de rendre commensurables des situations. Sans un tel indicateur agrégé[39], le problème serait posé, mais on ne pourrait pas atterrir sur une conclusion : la plupart des raisonnements économiques resteraient en lévitation.

Abandonner cette vision du risque fondée sur une description statistique, ce serait donc reconnaître qu'on ne peut pas conclure, *dans l'absolu*, face à une situation aléa. Que seul le décideur, ancré dans son contexte, armé de sa subjectivité, de sa perception personnelle des mille détails qui constituent la situation dans laquelle il est plongé, peut définir ce qui est optimal. Reconnaître cela, ce serait alors, pour les économistes, abdiquer leur ambition de conseiller du Prince, ce serait abandonner le décideur face à son dilemme, reconnaître qu'on ne peut que lui dire : « c'est toi, en tant que décideur, qui a la légitimité pour trancher. Assume : décide, avec ta conscience, sans ma science qui a ici atteint ses limites ».

Or, les économistes trouvent souvent chez leur vis-à-vis une attente de conseils : « comment devrais-je agir ? » ou bien « comment l'autre partie va-t-elle réagir ? » …

Le Saint Bernard

« Les décideurs se sont servis de l'analyse économique comme un ivrogne se sert d'un lampadaire : pour s'appuyer, pas pour être éclairé »
Paul Krugman.

L'image d'Epinal du Saint-Bernard avec un tonnelet de rhum est un mythe : dans la montagne, passé un quart d'heure d'euphorie et de réchauffement, l'alcool nous refroidit, obscurcit le jugement, et dégrade donc la capacité de survie. Il en va de ces statistiques viciées comme de l'alcool : elles altèrent la perception mais elles rassurent et donnent du cœur au ventre…

De fait, nous avions vu que réduire une situation aléa à des statistiques, c'était créer une apparence de déterminisme en fournissant des chiffres déterminés. Cette quantification est dangereuse parce qu'elle fait disparaître la perception de l'incertitude par le décideur… elle est chérie précisément pour cette même raison, parce qu'elle rassure, *parce qu'elle fait disparaître l'incertitude* ! Puisqu'on a quantifié l'aléa comme s'il s'agissait de pluralité, cette quantification permet de se bercer de l'illusion qu'on maîtrise l'aléa ; qu'on le maîtrise parce qu'on l'aurait fait disparaître dans le déterminisme de la loi des grands nombres. Ainsi, le décideur ne tranche plus en situation d'incertitude : faire disparaître l'incertitude, ça permet d'oser.

Chaque année, le patron d'un gigantesque groupe d'assurance déjeunait avec celui de l'autorité de contrôle, cent à mille fois plus petite, afin de passer en revue l'ensemble des sujets qui le nécessitaient. En

2006, le responsable de l'autorité de contrôle lui fait part de ses inquiétudes sur le nouveau produit que le groupe lance aux Etats-Unis et qui lui semble très risqué. Drapé dans sa superbe technique qui repose justement sur les outils que nous décrions ici, le P-DG de l'entreprise lui répond qu'« *on a des ingénieurs : on sait ce qu'on fait* ». Moins de deux années après, confrontés à la crise, ces produits ont généré en quelques mois plus de deux milliards de pertes.

Pour le décideur face à sa page blanche, dans l'instant crucial et potentiellement fatal où il ne sait pas de quoi l'avenir sera fait et doit tout de même retenir une option parmi l'ensemble des actions qui s'offrent à lui, dans cet instant d'indécision et de décision, l'utilisation de tels outils est un sédatif, de l'alcool, de l'héroïne.

Matignon, à Londres

Et pourtant… certes, c'est confortable, mais puisqu'on sait que cela ne fonctionne pas. On l'a constaté, c'est factuel !

Oui, mais les psychologues ont identifié des erreurs de raisonnement répandues chez l'être humain, des biais auxquels nous sommes tous exposés. L'un d'entre eux consiste à préférer une information fausse (qu'on *sait* être fausse), à une absence d'information. Nous avons tellement besoin d'être rassurés face à l'ignorance que nous préférons nous tromper nous-mêmes, sciemment. Utiliser des outils non pertinents, recourir à des grandeurs comme une espérance ou un indicateur de risque dont on sait qu'il ne peut pas être bien calibré, et que même s'il l'était, il n'apporterait pas d'information adaptée à notre situation, c'est entrer dans ce travers.

C'est un peu comme si, par exemple, vous étiez en week-end à Londres. Vous venez de visiter la *House of Commons*, et souhaitez voir le *10, Downing Street.* Malheureusement, vous n'avez pas de plan de Londres. Soudain, vous réalisez que vous avez un plan de Paris dans votre poche : vous vous dites que puisque vous souhaitez aller du parlement à la résidence du Premier ministre, vous allez utiliser ce plan, en suivant au plus près le trajet entre l'Assemblée Nationale et Matignon. Après tout, entre ça et le hasard… c'est toujours mieux que rien, non ?

Absurde ? Ridicule ? Oui, mais humain. Et en l'occurrence c'est exactement ce qui est fait lorsque de tels outils sont utilisés pour définir les stratégies d'investissement ou de maîtrise des risques. Et c'est cela que la régulation actuelle des banques et des assurances promeut. On ne sait pas de quoi demain sera fait alors… « c'est toujours mieux que rien ».

Non, ce n'est pas « mieux que rien ». Car si on n'a « rien », on reste conscient du besoin de vigilance. On interrogera régulièrement des passants, on sera attentif à l'éventuel passage d'une voiture officielle qui pourrait être un indice de la direction des lieux de pouvoir, on mettra en place une stratégie de quadrillage progressif, en s'écartant en spirale du point de départ, etc.

Ce « mieux que rien » n'apporte un mieux que psychologiquement. Intellectuellement, ce n'est pas « mieux ». Recourir à ces chiffres n'est donc pas mieux et est même pire que rien, puisque cela conduit à ne pas mettre en place avec la même rigueur, avec la même exigence, les stratégies de tâtonnement et d'avancement alternatives, davantage fondées, moins confortables mais plus pertinentes, telles que celles que nous présenterons dans la prochaine partie.

Ce culte du « mieux que rien » résulte largement de l'ambition démesurée de comparer rationnellement des situations en ramenant chacune à un chiffre. De fait, cette pratique, dont nous avons vu qu'elle consistait à dissoudre la décision dans l'analyse, génère une confusion entre « ne pas savoir » et « ne pas décider, ne pas agir ». Elle conduit à vouloir imposer la même grille de pertinence aux deux champs d'activité différents que sont l'analyse et l'action. Quand il s'agit d'action, chacun s'accordera à considérer que prendre une mauvaise décision est préférable à ne pas prendre de décision. De fait, une absence de décision est en réalité une décision (la décision de ne rien faire ou du moins d'attendre), mais il s'agit d'une décision non assumée. Il est toujours préférable que la décision soit assumée, quitte à ce que cette décision soit celle de temporiser. En revanche, cela ne signifie en rien que pour prendre une décision, savoir quelque chose de faux est préférable à ne rien savoir. En effet, en matière d'analyse, il est là encore préférable d'assumer… et notamment d'assumer l'ignorance. C'est cela qui permet de rester vigilant, en alerte, et que la décision prise ne le soit pas aveuglément : si on se meut sans pouvoir voir son environnement, mieux vaut se déplacer à tâtons plutôt qu'avec un casque de réalité virtuelle sur les yeux qui nous fait croire que nous sommes sur une plaine sans obstacle (sauf pour le fabricant de casques de réalité virtuelle ; ceci peut expliquer que les économistes, qui bâtissent leur réputation collective sur le fait de « vendre des conseils » martèlent face à toute critique que leurs outils d'appréhension des risques sont « mieux que rien »).

Ainsi, si une mauvaise décision est préférable à une absence de décision, une absence d'analyse est en revanche préférable à une mauvaise analyse. Il est préférable de ne rien savoir plutôt que de savoir quelque chose de faux.

Enfin, ce culte du « mieux que rien » est parfois renforcé par une forme de lassitude consistant à se dire « ce n'est pas pire qu'autre chose, après tout ». Ainsi, le directeur des investissements d'un grand groupe européen m'avait justifié le fait de recourir, pour se représenter le futur, à des simulations mécaniques de milliers de scenarii puis au calcul de la moyenne de ces scenarii par un « on s'est toujours planté quand on a essayé d'imaginer trois ou quatre scénarios possibles ». Il semblait ne pas réaliser que, si on simule mille scenarii pour ensuite retenir une moyenne, on est *certain* de « se planter », puisque dans le futur, un seul scénario se déroulera, et non mille en parallèle dont on ferait la moyenne, comme si nous vivions dans un monde quantique. Mais l'avantage de projeter 1000 scenarii virtuels et d'en faire une moyenne, c'est qu'on n'aura jamais prétendu explicitement savoir quel était le bon : à la fin de l'année, on ne risque pas d'être démenti par les faits. En ce sens, ces techniques dites « stochastiques » utilisées largement en finance ne sont guère qu'un cache-sexe servant à nous dissimuler notre incapacité à prévoir, une pudeur servant pour le meilleur (confort psychologique à court terme) et pour le pire (dégradation de la décision et absence de responsabilité *in fine*). C'est ce sur quoi nous allons à présent nous pencher.

Si on n'est pas responsable, on ne risque pas d'être coupable

« *Rien de tel qu'un certain degré d'abstraction pour échapper à toute responsabilité.* »

M. Crawford, Eloge du carburateur

La portée rhétorique de ces outils est puissante, puisqu'ils permettent de disposer d'un argumentaire justificatif. Le « mieux que rien » est, au-delà d'un sédatif, un moyen de se justifier, de s'assurer préventivement qu'on pourra dire si nécessaire : « d'accord, nous avons échoué, mais nous avions fait le maximum ». Ces outils permettent d'exhiber des fondements techniques sous-jacents aux décisions politiques : ils permettent de se réfugier derrière les experts.

Prenons deux exemples. Si le juge Burgaud avait disposé d'une probabilité de culpabilité des accusés, il lui aurait été bien plus facile de se défendre : il n'aurait pas eu de décision à prendre, appliquant mécaniquement un standard social : au-delà de tel seuil, on condamne. Et, en cas d'erreur constatée *ex post*, il aurait pu affirmer très aisément qu'il n'était en rien responsable : le formalisme mathématique aurait puissamment accrédité l'objectivité fantasmée de l'analyse. De même, Roselyne Bachelot faisant face à une potentielle épidémie de grippe aviaire et devant choisir entre prendre le risque de dépenser de l'argent en pure perte pour acheter des masques et ne pas en dépenser au risque de subir de plein fouet les conséquences de l'épidémie aurait pu, en cas de reproche *ex post* d'avoir pris la mauvaise décision, se justifier bien plus aisément en exhibant une statistique synthétique résultant de « jugements d'experts ».

Mais ce faisant, notre « décideur » délègue au modélisateur la responsabilité de sa « vision » du futur puisque le calibrage amont est transformé en sujet technique (et cette vision détermine le choix final, puisqu'elle cadre la conclusion).

Or, réciproquement, le modélisateur n'est responsable ni de la décision finale puisqu'il ne fait pas l'arbitrage risque/rendement, ni d'une éventuelle erreur de modèle, puisque comme nous l'avons vu celles-ci sont indiscernables. L'écrit de l'expert permet de rassurer le décideur et contribue à un déport de responsabilité, mais ne rend son auteur comptable de rien puisqu'en raison de l'unicité de réalisation future, quelle que soit l'issue, celle-ci ne sera pas contradictoire avec l'information fournie.

Il n'y a donc plus de responsable : ni l'expert-modélisateur, ni le « décideur-déléguant ».

De fait, des études sociologiques ont observé que les directeurs des risques privilégiant une approche quantitative s'estimaient non responsables en cas de problème. Ils considéraient qu'ils avaient joué leur rôle d'expert en calculant du mieux qu'ils pouvaient les couples risque/rendement de chaque option envisagée ; si, ensuite, cela s'était mal passé, c'est que le directeur général aurait dû choisir parmi l'ensemble des couples proposés un couple moins ambitieux et plus sûr. Et s'ils avaient affirmé que le risque était infime ? C'est la faute à pas de chance : ils avaient bien dit que le risque n'était pas nul ; quand on quantifie, on n'exclut rien et en matière d'aléa, on ne pourra jamais montrer que le modèle était erroné.

Là réside un véritable tour de force des outils quantitatifs utilisés dans la gestion des risques en finance, notamment en termes de choix d'investissement : en formalisant la « faute à pas de chance » ils permettent, même face à des conséquences catastrophiques, d'expliquer que la décision prise *ex ante* était optimale (puisque fondée sur des chiffres objectifs, donc tacitement ou formellement située sur la fameuse frontière d'efficience[40]). Il s'agit d'un déploiement formalisé du « pile je gagne (ma décision était rationnellement optimale, c'est grâce à moi que tout est bien géré), face tu perds (le monde est aléatoire, nous n'avons pas eu de chance) ».

Même au niveau collectif, l'ensemble formé par les équipes d'experts et de décideurs réunies devient également non responsable. Il s'agit donc d'un formidable outil de protection collective contre la critique : il offre une justification de la qualité de la décision, justification qui reste valable même si la décision se révèle désastreuse dans ses conséquences.

Nous voyons donc que les outils faisant reposer la gestion du risque sur des indicateurs statistiques quantifiés, au-delà d'offrir le confort d'une illusion d'objectivité et de déterminisme, permettent de se protéger, d'évacuer la question de la responsabilité :

- par une délégation tacite de subjectivité, et ainsi la mise en œuvre une déresponsabilisation croisée[41],
- et par la formalisation de la « faute à pas de chance » et la justification associée du fait que la

décision était optimale dans le contexte où elle a été prise.

Et la morale dans tout cela ?

La morale ? Elle est sauve ! Bien plus que dans la vraie vie.

De fait, la justification morale, théologique, du rendement du capital est la prise de risque. Dès lors, il apparaît légitime de mettre en relation hausse de l'espérance de rendement et accroissement du risque, et partant de raisonner en termes d'arbitrage entre l'un et l'autre et donc d'optimisation du couple risque/rendement. Ce principe sous-tend explicitement les technologies statistiques d'allocation d'actifs. On le retrouve également dans les analyses de rentabilité dite ajustée du risque découlant des nouvelles réglementations prudentielles et dans le *risk management* quantitatif.

Les fondements empiriques d'une vision liant hausse du risque et augmentation de l'espérance de rendement sont désormais considérés comme friables.[42] Si, comme nous l'avons montré, la notion d'espérance n'a pas de sens, il n'est guère surprenant que ce faux « bon sens », crédibilisé par des théories financières reposant sur des outils non pertinents, ne se vérifie pas dans les faits. Mais une fois de plus, par la grâce du choix des calibrages, c'est-à-dire de jugements d'experts arbitraires mis en forme mathématiquement, on peut s'illusionner, se rassurer, se dire que notre morale, totalement artificielle puisque fondée sur des concepts vides de sens, est sauve.

Dissonance cognitive

Bouclons la boucle. Nous avons vu que si de tels outils pouvaient être perçus à tort comme légitimes, en revanche, d'un point de vue rationnel, factuel, on ne peut plus ignorer, aujourd'hui, après la crise, qu'ils ne sont pas pertinents pour appréhender et gérer les risques. Pourtant, en toute bonne foi, la plupart des personnes n'arrivent pas à remettre en question, intellectuellement, l'utilisation de ces outils pour gérer l'aléa. Par exemple, le directeur de l'Institut des Hautes Etudes Scientifiques indiquait en octobre 2008, donc après le début de la crise et la faillite de Lehman, que « *l'usage intensif de mathématiques sophistiquées dans le cadre de la finance correspond [au] besoin de disposer d'outils financiers plus performants permettant de prendre des décisions dans des avenirs incertains* »[43]. Une fois de plus, c'est faux. Cela ne permet pas de prendre une décision face à un danger, une décision qui engage de façon significative l'entreprise : ces outils sont simplement partie d'un process d'utilisation de la pluralité et d'une optimisation de la rentabilité de croisière. Les outils des mathématiques financières permettent de faire du business face aux faibles et nombreuses baisses et hausses des cours, tout comme l'assurance fait du business avec les accidents et les absences d'accident. Les banques font chaque année des gains sur la base de cette activité : elles ne prennent pas des décisions « de risque » qui se révèlent bonnes ou mauvaises. Mais ce directeur et scientifique reconnu, même face à la crise, continue dans son erreur, tout comme l'analyste quantitatif londonien que nous avons précédemment cité. Pourquoi ?

Nous avons montré que si ces outils sont utilisés, ce n'est pas parce qu'ils sont légitimes, mais parce qu'ils sont fonctionnels, utiles. Utiles pour l'expert, qu'il soit universitaire, consultant ou interne à l'entreprise, qui augmente sa sphère d'influence et se crée un travail, donc des revenus[44]. Utiles pour les dirigeants, en facilitant leur prise de décision et en les affranchissant de leur responsabilité en cas d'erreur. Nous venons donc de montrer que, s'ils n'améliorent pas la décision, ces outils rendent toutefois des services considérables : rassurance, déresponsabilisation, justification, bonne conscience…

Or, l'être humain a un respect de lui-même, de l'amour propre, une conscience professionnelle. Pour que la dissonance cognitive ne soit pas trop forte, la plupart d'entre nous ne peut pas se contenter d'utiliser le système mais doit rationaliser l'utilité de son action. On préfère donc se tromper soi-même, s'illusionner, individuellement et collectivement, sur la pertinence de ces outils.

Pour cette raison, si nous voulons que la situation évolue, il ne suffit pas de les déconstruire et de dénoncer l'absence de pertinence de ces outils : pour rester utile et faire progresser notre appréhension des risques, il faut proposer une alternative dont chacun pourra se saisir. C'est l'objet de notre dernière partie.

Que faire ?

Cesser de se fourvoyer – Commencer par éprouver l'ignorance – Qu'est-ce que décider ? – L'abdication – la robotisation – Ne pas s'attifer, ainsi qu'un freluquet... - Les briques du puzzle – Assumer l'ignorance, la subjectivité et les conséquences

Cesser de se fourvoyer

« Savoir qu'on sait ce qu'on sait, et qu'on ne sait pas ce qu'on ne sait pas, tel est le vrai savoir. »

N. Copernic

Les statistiques, outils de description de la pluralité, sont inadaptées et non calibrables pour appréhender l'aléa dans de nombreux domaines tels que la régulation, l'allocation d'actifs ou la gestion des risques ; mais l'argumentaire pour continuer à les utiliser se termine toujours par « c'est mieux que rien ». Comme nous l'avons vu, cette dernière extrémité est une impasse. Lorsqu'on doit traverser un lac et qu'on ne sait pas nager, dire qu'on va marcher parce que « c'est mieux que rien » ne fonctionnera que si le lac ne fait pas plus d'un mètre et demi de profondeur. Si cela fonctionne, c'est par coup de chance.

Il en va de même pour ces outils. Piloter une entreprise et prendre une décision face à l'incertain en se fondant sur des statistiques (sur la probabilité de ceci ou l'espérance de cela), cela revient à piloter un avion en se fiant à un altimètre dont on sait qu'il ne mesure pas l'altitude : il a une aiguille, il a des graduations en mètres, mais l'aiguille tourne par exemple en fonction de la température. Certes, lorsque le pilote s'écrasera, il pourra soulager sa conscience en se disant qu'il a fait son travail de pilote et s'est fondé sur le seul altimètre qu'il avait (« c'était pas parfait bien sûr, mais c'était mieux que rien »), et que c'est le mécano qui aurait dû régler l'altimètre correctement. Tout comme le mécano pourra se dire qu'il n'avait pas les commandes et que c'est le commandant de bord qui était responsable de son avion, son équipage et ses passagers. Actuellement, nous embarquons pour des vols avec de tels altimètres, parce que « dans la brume, mieux vaut cela que rien ». A l'opposé, ma position est qu'il est préférable de ne pas regarder ces pseudo-altimètres. Mieux vaut étudier le plan de vol et la météo avant le décollage, prendre ensuite la décision de décoller ou non et, si on part, observer l'extérieur plutôt que l'altimètre pendant le vol au cas où il y aurait entre les nuées une petite déchirure qui nous permette d'entre-apercevoir un indice utile.

Entendons-nous bien : ne pas regarder l'altimètre, cela ne signifie pas lâcher le manche ; refuser d'utiliser une mauvaise information, ce n'est pas refuser de penser, de décider, ni d'agir.

Qui plus est, selon les situations, on peut tout à fait monter dans un avion et décoller sans altimètre. Il y a beaucoup de bonnes raisons à cela : parce que c'est un vol en plaine, parce que la visibilité est bonne, parce que ce vol est crucial pour nous, etc. : gérer le risque, ce n'est pas ne pas en prendre. Mais si on décolle, il nous faut piloter en conscience de notre ignorance de l'altitude, et au mieux étant donné cette ignorance. C'est cela que nous nous proposons de faire.

Commencer par éprouver l'ignorance du futur

Les économistes du développement ont identifié le fait qu'en Afrique, le risque était très mal appréhendé. Ainsi, en matière de risque agricole, si des structures proposent à des paysans une micro assurance contre une mauvaise récolte, elles ne parviennent guère à faire accepter que dans les cas où tout se passera bien et où il n'y aura donc pas de versement d'une indemnisation, il n'y aura pas de remboursement de la cotisation : les assurés potentiels estiment que s'ils ne reçoivent finalement rien en échange de la cotisation, alors ils devraient en être intégralement remboursés. Ce qui est mal perçu ici est le saut entre la situation *ex ante* (une promesse face à un aléa) et *ex post* (une réalisation unique observée qui sera soit positive soit négative). Cela peut nous faire sourire… mais comme nous l'avons vu, nos spécialistes des « risques » dans nos sociétés occidentales ne comprennent pas mieux cette notion de risque et d'aléa. Cette incompréhension est remarquablement dissimulée sous un décorum mathématique, décorum dont le poids a étouffé la perception du risque et de son essence : l'inconnu.

De façon particulièrement limpide, Bergson nous explique comment de tels raisonnements artificiels nous éloignent du réel. Il expose comment le décorum logico-philosophique a étouffé la perception du temps et de son essence : la durée. Son exemple fétiche était celui du mouvement qu'on cherche à analyser en le découpant en une suite de positions. Les Grecs sont ainsi restés bloqués face au paradoxe de Zénon d'Elée : Achille courant après une tortue ne devrait jamais parvenir à la rattraper puisqu'à chaque fois qu'il arrive au point où elle était l'instant d'avant, celle-ci a avancé entre-temps. Pour résoudre ce faux paradoxe, Bergson explique que l'apologue de Zénon d'Elée est totalement artificiel, et qu'il suffit de demander à Achille comment il s'y prend pour rattraper la tortue : celui-ci expliquera naturellement qu'il fait un pas puis un autre, puis un autre jusqu'à enjamber la tortue, et non qu'il fait des déplacements de plus en plus petits : le fait de ne pas appréhender chaque pas comme un mouvement indivisible est un faux raisonnement créant un problème artificiel. Pour Bergson, la conceptualisation nous induit donc en erreur et il nous faut revenir à la perception.

On pourrait transposer directement cette observation au *risque* et à *l'aléa*, où l'utilisation de concepts pluriels vient fausser notre appréhension du réel. La paraphrase de ce qu'écrit Bergson à propos du *mouvement* est immédiate et limpide[45] : « *ce qui a été considéré comme du risque [par les mathématiciens et les économistes] n'est ni aléa ni risque, [ils] ont retenu du risque ce qui est prévisible et de l'aléa ce qui est déterministe, [ils] ont pris pour une perception immédiate et complète du risque et de l'aléa une cristallisation de cette perception* ». Pour apporter une solution à ce constat sur notre incapacité à appréhender la nature du phénomène considéré, on peut également transposer mot pour mot à l'aléa le programme que Bergson entend mener sur le *changement*[46] : « *d'ordinaire, nous regardons bien le risque, mais nous ne l'apercevons pas. Nous parlons du risque, mais nous n'y pensons pas. Nous disons que le risque existe : oui, nous le disons et nous le répétons ; mais ce ne sont là que des mots, et nous raisonnons et philosophons comme si le risque n'existait pas. Pour penser le risque et pour le voir, il y a tout un voile de préjugés à écarter, les uns artificiels créés par la modélisation mathématique, les autres naturels au sens commun* »

Bergson souhaitait ainsi qu'on fasse « *un effort violent pour écarter quelques-uns des schémas artificiels que nous interposons, à notre insu, entre la réalité et nous. Il s'agit de rompre avec certaines habitudes de penser et de percevoir qui nous sont devenues naturelles. Il faut revenir à la perception directe* ». C'est précisément le point de départ de notre proposition : pour gérer les risques, il ne suffit pas de les identifier, ni de les mesurer. Il faut les appréhender, les percevoir, *ressentir la dimension inconnue du futur* qui est l'essence du risque, donc envisager quelques scénarios exclusifs. Etre incapable de faire cela, ce serait précisément être incapable d'appréhender la prise de décision en incertain.

Qu'est-ce que décider ?

Pour avancer, continuons de prendre du recul et de revenir aux fondamentaux. Qu'est-ce que décider ?

En économie, la différence qu'on fait entre analyse et décision est une différence de processus : l'analyse serait la compréhension de la situation, la décision serait l'application des préférences. Dans ce cadre, l'analyse serait objective, et la décision subjective. Par exemple, en finance, on considère qu'à tout actif peut être associé un couple risque/rendement. Celui-ci peut être objectivement inintéressant, par exemple un produit offrant beaucoup de risque et peu de rendement. Plusieurs couples peuvent être objectivement intéressants, et il faut alors choisir entre, par exemple, un produit risqué ouvrant la perspective d'un gain important, ou bien un produit peu risqué et peu rentable. Pour les économistes, c'est seulement ici qu'intervient la décision : après que les couples ont été quantitativement caractérisés, lorsqu'il ne reste plus qu'à choisir en fonction de son appétence pour le risque. « Décider », c'est alors appliquer mécaniquement sa préférence psychologique (qui nous est donnée, qui s'impose à nous : on aime le risque un peu, beaucoup ou pas du tout) à cette réalité objectivement décrite lors de l'analyse[47].

L'économie est consciente que les hommes sont imparfaits : c'est d'après elle ce qui expliquerait, au-delà de préférences psychologiques différentes[48], qu'ils ne fassent pas tous la même chose : ils n'ont pas accès à toute l'information, ou sont un peu bêtes et ne réfléchissent pas comme ils le devraient. Par exemple, Niall Ferguson, historien de l'économie, prétend que : « *si nous étions une machine à calculer, nous traiterions tous en même temps toutes les informations disponibles et arriverions tous à la même conclusion. Mais nous sommes des êtres humains, donc sujets à la myopie et aux changements d'humeur.* »[49] Ainsi, pour les économistes, il existe une réalité objective, donnée (celle qu'ils décrivent). Et, face à cela, les individus appliquent leurs préférences psychologiques, et le font avec myopie.

La prise de décision, c'est-à-dire l'exercice du libre arbitre, ce serait alors le fait que nous ayons chacun des attirances pour le risque, données mais différentes, et chacun des imperfections, données mais différentes. Pour un économiste, les préférences sont ce qu'elles sont, et sa mission en tant qu'économiste, scientifique éclairé armé de ce qu'il estime être son recul objectif, est de faire disparaître la myopie, c'est-à-dire les analyses différentes de celle qu'il peut faire.

C'est faux.

Si les Grecs et les Allemands étaient des machines à calculer, arriveraient-ils à la même conclusion sur la question du remboursement de la dette des premiers aux seconds ? Non, parce que (en toute bonne foi) leur vision du monde diffère : l'analyse, qui ne peut pas être objective, est différente. Quelqu'un peut avoir une opinion politique différente de la nôtre sans être stupide, ni de mauvaise foi, ni mal informé. Un Allemand a pour vision du monde que « quand on a emprunté, on doit rembourser ; c'est la règle du jeu à laquelle ils (les Grecs) ont souscrit puisqu'ils ont signé. Les Grecs veulent le prêt sans rembourser ». Un Grec a pour vision du monde que « quand on place de l'argent en le prêtant pour avoir du rendement plutôt qu'en le gardant en cash, on prend un risque ; c'est la règle du jeu avec laquelle ils (les Allemands) étaient d'accord puisqu'ils nous ont fait payer des taux d'intérêt plus élevés, intérêts qu'ils ont reçus en contrepartie de leur prise de risque. Les Allemands veulent le rendement sans le risque ». On voit sur cet exemple trivial que, si nous avons des positions différentes, donc si nous prenons des décisions différentes, ce n'est pas (uniquement) parce que nous avons des appétits pour le risque et le présent différents, ce n'est pas (uniquement) parce que nous sommes myopes (et quoi qu'il en soit un ordinateur l'est également), mais c'est aussi et surtout parce que nous avons une vision du monde différente. Et décider, exercer son libre arbitre, c'est avant tout se construire sa vision, forger son analyse, bâtir sa compréhension du monde.

Andreu Solé, un sociologue, a remarquablement formalisé cela après avoir observé la façon dont les dirigeants prennent leurs décisions. Il indique qu'ils catégorisent le futur en trois classes : ce qu'ils considèrent comme impossible (les *Impossibles*), ce dont ils se disent que cela pourrait arriver (les *Possibles*), et ce qui leur semble inéluctable (les *Non-Impossibles*, dont on ne peut pas envisager qu'ils ne se produisent pas). Ces schémas mentaux sont en partie le résultat inconscient de la culture et du vécu de chacun. Ils définissent notre perception du réel : un schéma mental d'analyse qui cadre la prise de décision de chacun. Ils sont à la fois le produit de la société dans laquelle le décideur est immergé, et déterminent la société que nous nous sommes construit et faisons évoluer : c'est parce que les schémas mentaux sont divers que l'espèce humaine a produit des civilisations socialement différentes. Cette catégorisation *a priori* a souvent plus de poids que les informations qui parviennent au dirigeant. Par exemple, lorsque les radars américains ont détecté l'approche des escadrilles japonaises à Pearl Harbour, les opérateurs qui avaient catégorisé inconsciemment une attaque sans déclaration de guerre parmi les Impossibles ont ignoré cette information, se disant qu'il devait y avoir un dysfonctionnement dans cet outil nouveau qu'était le radar (ce qui faisait justement inconsciemment partie de leurs Possibles). Cette différence de vision du monde selon les individus explique les choix stratégiques différents de deux concurrents, ou d'un patron et de son prédécesseur, pourtant confrontés au même contexte, donc souvent aux mêmes informations, et qui possèdent *a priori* une acuité de réflexion comparable : tel dirigeant considère qu'il est inéluctable que l'Afrique se développe comme l'Asie en son temps et qu'il est donc nécessaire d'en faire un axe stratégique fort ; tel autre qu'il est impossible d'y aller dans le contexte d'insécurité actuel : guerres, expropriations, etc.

Solé fait ainsi parfaitement apparaître *la vraie nature de la décision : elle ne réside pas tant dans l'application de son « goût pour le risque » que dans l'interprétation qu'on se fait du monde. Le libre arbitre, ce n'est pas la préférence psychologique individuelle, c'est la liberté d'analyse*.

L'abdication

Dans ce contexte, l'utilisation d'outils statistiques en situation d'aléa est la négation même de la prise de décision : c'est se laisser imposer une analyse, c'est donc abdiquer sa capacité à décider.

Premièrement d'un point de vue technique, parce que utiliser des outils statistiques en situation aléa, c'est adopter la vision du monde d'individus qui ne font pas face à la même situation que nous. De même que l'alpiniste ne peut pas adopter la vision du géologue (bien que ce dernier ait plus de recul que lui) et interpréter le glacier qu'il s'apprête à gravir comme une coulée d'huile, de même l'assuré ne peut interpréter la situation d'aléa dans laquelle il se trouve comme le ferait l'assureur (bien que ce dernier ait plus de recul que lui) à l'aide de statistiques.

Deuxièmement, du point de vue de la gouvernance. Les soi-disant « bonnes pratiques » en matière d'investissement, où des experts quantifient le risque et le rendement de différents portefeuilles avant que le dirigeant n'arbitre sur cette base, ont ainsi mimé les canons de l'économie. Ils ont transposé en process la dichotomie entre une analyse qui serait une description objective, et une décision qui serait un choix de préférences. Le fait de porter au pinacle un tel *process* ne laisse plus de place à la décision « en son âme et conscience ». Le décideur, lors de la maximisation mécanique d'indicateurs statistiques, lors du choix d'un couple risque/rendement par exemple, subit la vision du monde de l'analyste : il subit tous les choix de calibrage dont nous avions vus qu'ils étaient arbitraires par essence puisque plusieurs options étaient possibles sans qu'aucune soit meilleure qu'une autre. L'analyse, pensée à tort comme objective, s'impose au décideur. En mettant en place cette méthodologie, le décideur a donc réduit la décision à un hochet entre ses mains : il réduit la décision au fait d'entériner les conséquences qui découlent de la vision des experts.

Non. C'est trop facile de déléguer ainsi aux experts le travail d'analyse, et de se prononcer sur un arbitrage risque/rendement d'autant plus facile à rendre que ces indicateurs statistiques sont virtuels, puisqu'ils ne seront jamais incarnés ! C'est trop facile, plutôt que de prendre une décision, de construire un processus de prise de décision qui, précisément, réduit la décision à un processus d'analyse et qui donc, *de facto*, permet de s'abstenir de décider. *La dissolution de la prise de décision dans un process n'est pas une amélioration de sa gouvernance. C'est au contraire la négation de ce qu'est une prise de décision*, c'est l'abandon au destin ; c'est l'abandon aux choix inconscients et pris au mauvais niveau, celui du technicien ; ou, pire encore, c'est l'abandon à une sorte de ventre mou réunissant *process* et sédimentations de non-choix dont on ne sait ce dont il accouchera. Substituer ainsi un *process* de décision à une prise de décision, c'est cela qui conduit à la délégation tacite (inconsciente) de subjectivité du décideur vers les techniciens, de celui qui devrait assumer la décision mais s'y refuse vers un insouciant qui ne se rend pas compte qu'il a ce poids sur les épaules, et qui n'a pas la légitimité pour le porter.

La robotisation des décisions financières

De plus en plus, la réglementation prive le décideur du maigre hochet qu'il pouvait encore agiter. Typiquement lorsque, pour les banques et les assurances, elle érige un indicateur donné comme exigence de capital, et condamne donc toutes les entreprises à maximiser le ratio entre leur espérance de résultat et cet indicateur : « vous êtes libres de faire ce que vous voulez, mais vous devez appliquer ceci ». Ce totalitarisme de la réglementation actuelle qui impose le critère d'analyse, la façon de penser le risque, est particulièrement dangereux dans le secteur financier : alors que le principal objectif de la réglementation devrait y être d'éviter le risque systémique[1], ces réglementations, en uniformisant la pensée, le créent.

A l'opposé de cela, nous devons partir du principe que la décision étant forcément liée à la phase de description, d'analyse, il faut donc incorporer le décideur dans l'analyse. Formellement, il serait erroné de dire que la réglementation ou les principes de bonne gouvernance ne prévoient pas cela : en théorie, des comités valident les modèles. En pratique, la complexité est telle que c'est impossible : la réglementation actuelle prétend certes le faire, mais elle le fait d'une façon factice. Ce n'est pas la vision stratégique du décideur qui est incorporée à l'analyse, ce n'est pas sa mise en perspective, mais c'est le côté tâcheron de la validation de mille détails[1], comme si on faisait jouer au décideur le rôle de 100 experts : la situation actuelle en matière de régulation financière, ce serait celle où le responsable de la stratégie d'une équipe cycliste ou de Formule 1 serait incorporé à l'analyse en ayant à valider le choix de tel boulon plutôt que de tel autre… tout en lui retirant la radio pour éviter qu'il interfère avec la course. On lui fait valider mille détails dont chacun est à la fois insignifiant car noyé parmi mille, et important car la résultante de leurs impacts fait pencher le résultat d'un côté ou de l'autre. Il s'agit de choix dont les options ne sont généralement ni bonnes ni mauvaises : arbitraires, mais d'un arbitraire technique, leur dimension politique étant occultée par leur nombre.

Ne pas s'attifer, ainsi qu'un freluquet…

Comme nous l'avons vu dans le chapitre précédent, comme il y a un risque de mauvais résultat (c'est l'essence même de l'aléa), le décideur faisant ce que nous décrions se protège préventivement de la critique qui pourra lui être faite en se mettant en capacité d'expliquer *ex post* que, virtuellement, sa décision était optimale.

Nous voyons donc que prise de décision *en conscience* et prise de décision *justifiée formellement* (par un processus, un argumentaire susceptible de passer pour objectif) s'opposent ici. La fuite dans le processus est un moyen d'éviter de prendre ses responsabilités.[50] La forme se substitue au fond. Le mécanisme ici à l'œuvre consiste à se dire qu'avec un modèle statistique, on va prendre une décision bonne, même si cette « bonne décision » n'exclut aucune conséquence négative : on mise tout sur la méthode, et on considère que le dirigeant n'est plus responsable que de la qualité théorique, formelle, du système de prise de décision et non des conséquences.

La justification formelle est propre. Les hypothèses y sont suffisamment nombreuses pour se cacher les unes les autres. Les grandeurs y sont suffisamment virtuelles pour être incontestables. *A contrario*, une prise de décision en conscience finirait toujours par être justifiée, dans ses retranchements, par un « je l'ai fait parce que j'y croyais », défense rhétoriquement peu efficace. Et, sans justification rhétorique, il faut être solide pour se dire que si la situation dérape, on aura sa conscience pour soi.

Une prise de décision au bon niveau, en responsabilité assumée, se doit, d'une part, de préférer sa conscience à une justification rhétorique et, d'autre part, d'accepter explicitement la part d'arbitraire dans la décision. C'est dans ce cadre que nous nous positionnons, pour ceux qui souhaitent reprendre à leur compte les vers de Cyrano :

« *Je ne m'attife pas ainsi qu'un freluquet,*
Mais je suis plus soigné si je suis moins coquet ».

La coquetterie ici, c'est le processus et la dimension quantitative. Le processus, car il renvoie une image rigoureuse, organisée, il permet d'exciper un formalisme, donc de démontrer la mise en œuvre de moyens, et offre une auditabilité. Le quantitatif, car il est pour les naïfs une démonstration voire une garantie d'objectivité, une sorte de caution scientifique.

Quelle analyse « en conscience » conduire ?

Un point fondamental en matière de gestion des risques, c'est-à-dire de décision assumée de prise de risque, est de savoir, pour reprendre la nomenclature d'Andreu Solé, quels sont nos « Possibles » et nos « Impossibles » : ce qui à nos yeux est susceptible de se produire et ce dont nous considérons la survenance inenvisageable. Il faut ici entendre « possible » et impossible » non au sens littéral, mathématique, logique, mais au sens physique, scientifique, opérationnel, de « négligeable » ou « non négligeable ». Un Possible, c'est un événement dont le décideur envisage et craint la survenance, donc à laquelle il se doit d'être préparé. Un Impossible, c'est un événement dont le décideur se dit qu'il peut se permettre de négliger la survenance.

La question n'est donc pas celle de la probabilité[51], mais du fait qu'« on y croit » ou non. Le fait de quantifier des probabilités de survenance est même un obstacle à l'entrée dans cette logique de catégorisation entre Possibles et Impossibles qui *doit* être d'une subjectivité tripale, puisque la fonction du décideur, son mandat, est précisément d'exercer en conscience sa subjectivité. Un choix délibéré de catégorisation entre de tels Possibles et Impossibles, en exigeant d'expliciter la vision du décideur, permet de restaurer une responsabilité alors que le recours à des indicateurs statistiques l'exclut en la dissimulant derrière un pourcentage éthéré. Ce que nous allons proposer va donc être de quitter la dimension mathématique dépourvue de sens pour revenir à une analyse qualitative permettant d'assumer les responsabilités.

Se poser la question et définir les Possibles et les Impossibles. Expliciter, aux yeux du décideur, ce qui est négligeable et ce qui ne l'est pas. Là où les statistiques autorisent toujours la « faute à pas de chance », nous allons proposer d'identifier ce qui est négligeable, d'assumer de le considérer comme négligeable et donc de « courir le risque », et de parer au reste en en identifiant les conséquences[52].

Dans un tel cas de figure, si un risque aux conséquences funestes se produit, c'est :

- soit qu'un devoir de préparation vis-à-vis d'un risque envisagé n'a pas été rempli (on l'avait considéré comme Possible mais on n'a pas paré à ses conséquences), ce qui est critiquable ;
- soit que du non-négligeable a été négligé (on l'avait catégorisé comme Impossible et il s'est produit), ce qui peut être critiquable, ou non.

Ce deuxième cas de figure peut en effet être jugé *ex post* acceptable ou non par la société : par exemple, pour un individu, prendre le risque de se tuer en roulant sans ceinture ou de renverser un passant en roulant ivre à 150km/h dans une ville à minuit est considéré comme non acceptable ; ruiner son ménage et sa famille en jouant au casino toutes ses économies, ou tenter de gravir le Mont Blanc un soir de février en tongs et en T-shirt est considéré comme acceptable[53]. Pour un gouvernement, prendre le risque que la capitale soit rayée de la carte par une météorite sans qu'on ait consacré de budget pour tenter de parer à une telle éventualité est considéré comme acceptable et, si cela survient, cela ne lui sera sans doute pas reproché ; à l'inverse, prendre le risque que cette même capitale se fasse bombarder sans mettre en place de système de défense militaire sera sans doute considéré comme non acceptable.

Les briques du puzzle

Recensons pour rappel les différentes briques du puzzle.

Dans de nombreux domaines tels que la régulation financière, les investissements ou la gestion des risques, on utilise des grandeurs statistiques, c'est-à-dire des outils de description de la pluralité, pour appréhender l'aléa. Les problèmes qui en résultent sont les suivants :

- Premièrement, même lorsque ces grandeurs sont calibrables, par exemple pour un individu jouant toute sa fortune et ses revenus futurs sur un coup au casino, ou bien jouant à la roulette russe, le recours à des indicateurs statistiques est dépourvu de sens. De fait, ces indicateurs correspondent à une réalité tangible uniquement pour un observateur extérieur en situation plurielle, pour qui ils permettent effectivement d'anticiper le phénomène à venir, dont l'espérance par exemple s'incarnera dans une moyenne, mais non pour le décideur en situation aléa qui *ex-post* n'observera qu'une unique réalisation *et devra gérer cette unique issue*.

- Deuxièmement, cela fausse la perception de la situation par le décideur puisque le risque, dès lors qu'il est quantifié, n'est plus perçu comme un risque. Cet impact est naturel. De fait, la probabilité ne peut être estimée qu'à partir de statistiques. Ainsi, l'opération de quantification nécessite *de facto* un changement de point de vue, de l'assuré vers l'assureur par exemple : pour mesurer, il est nécessaire de se placer d'un point de vue d'où le phénomène observé devient déterministe (sur les 100 000 assurés, 3 000 auront un cancer). On a alors le sentiment qu'on *sait* ce qui va se passer. Ce serait vrai avec ce nouveau point de vue… qui n'est pas celui du décideur : lui *ne sait pas* et c'est cela même qui est constitutif du risque. Cette perception faussée biaise la prise de décision par une analyse qui ne peut alors plus correspondre au point de vue du décideur, et ne saurait donc être considérée comme rationnelle de sa part.
- Troisièmement, ces grandeurs ne sont généralement pas calibrables, ou du moins pas sans choix arbitraires.

Ceci a pour conséquence que la décision est prise sur des fondements quantitatifs à la fois non objectifs, et techniquement complexes donc dont les choix sous-jacents sont non accessibles aux décideurs. En d'autres termes, cela signifie que la subjectivité censée être la prérogative du décideur est déléguée à l'analyste : la décision n'est donc pas prise au bon niveau.

- Qui plus est, étant donné que (i) la qualité du calibrage fournie par l'analyste ne pourra jamais être évaluée, même *ex-post* après réalisation ou non du risque, et (ii) le décideur est absous de tout reproche (puisque considéré comme rationnel) si et seulement s'il utilise les résultats issus de ces calibrages, il n'est plus possible d'établir de responsabilité quant à la qualité de la prise de décision.

De façon générale, le cadre alternatif de prise de décision dans l'incertain (et de gestion des risques) dans lequel nous devons nous placer doit s'appuyer sur les caractéristiques suivantes :

- *La subjectivité est partie intégrante de la décision.*

  La raison d'être de la fonction de décideur, c'est de comparer l'incommensurable, donc de choisir entre des options qui sont analytiquement, rationnellement, non comparables.

  Qui plus est, les neurosciences ont montré que les capacités analytiques seules ne permettent pas la prise de décision (et l'expérience de chacun a dû lui faire rencontrer, également, des personnes dotées d'une grande capacité d'analyse et d'une forte expertise mais incapables de trancher).

  Enfin, même les économistes qui idéalisent et tentent de faire vivre l'utopie d'une décision objectivement optimale incorporent une subjectivité, non seulement en termes de préférences des agents mais aussi d'appréciation de la situation, que ce soit en raison d'information incomplète à laquelle on s'adapte progressivement (probabilités bayésiennes, rationalité limitée à la Simon) ou d'effets psychologiques (probabilités subjectives et fonction d'utilité).

- La prise de décision ne peut donc pas être la constatation d'une analyse et la pesée mécanique d'avantages et d'inconvénients : la décision intervient en amont. *Décider c'est avant tout interpréter : interpréter la situation dans laquelle on est plongé, interpréter notre monde, se forger une interprétation sur le champ des futurs possibles.* Décider en incertain, c'est choisir de négliger telle éventualité et d'envisager telle autre.

Soulignons que, face à l'incertain, la subjectivité de cette interprétation est déjà socialement acceptée, dans un domaine où l'attente d'objectivité est pourtant particulièrement forte : celle des jugements et des condamnations. Ainsi, au pénal, demander "l'intime conviction" des jurés, c'est leur demander si la culpabilité du prévenu appartient, *à leurs yeux,* au champ des Non-Impossibles (les Inéluctables) ; de même, au civil, un juge devant trancher entre deux parties tranchera en fonction de sa vision des Possibles. Ainsi, en matière judiciaire, où on ne peut éviter de se confronter à la prise de décision en incertain (ne pas juger serait un déni de justice), nos pratiques acceptent bien la subjectivité et la gèrent, avec une formalisation différente, *via* le choix de négliger ou non.

- *Par conséquent, tout processus de décision doit incorporer la subjectivité du décideur dans l'analyse.* Pour que les responsabilités soient assumées, la subjectivité du décideur doit, en environnement incertain, être explicitée de façon qualitative par l'identification et le choix des scenarii auxquels on se considère susceptible d'être confronté. Enfin, la subjectivité du décideur doit être une subjectivité stratégique, c'est-à-dire portant sur la vision qu'il a des futurs envisageables.

C'est pour répondre à ces problèmes, dans le cadre des prémices que nous venons d'exposer, que nous proposons un mécanisme de prise de décision dans l'incertain et de gestion des risques, en partant du principe que *gérer les risques, c'est accepter le principe d'en prendre et décider en conscience de ceux qu'on prend.*

Assumer l'ignorance, la subjectivité et les conséquences

Au cours des dernières pages, le schéma de prise de décision que nous proposons a déjà commencé à prendre corps. Il s'applique à tout décideur, professionnel ou particulier, se trouvant face à une situation d'aléa consciente : tout décideur sachant ne pas savoir et souhaitant formaliser précisément sa prise de décision autour de cette dimension d'incertitude.

Le processus d'analyse et de décision repose sur les étapes suivantes :

(i) *Etape d'amorçage :* Ouvrir le champ des Possibles en identifiant l'ensemble des futurs états de la nature envisageables ;

Cette première étape peut être majoritairement portée par les équipes techniques en soutien du décideur, mais elle ne peut en aucun cas être déléguée *in extenso*. Les équipes techniques doivent approfondir les intuitions et s'efforcer d'élargir par leurs travaux le champ des Possibles des décideurs, d'étoffer, par la présentation d'informations et la conviction, une vision trop myope face à certains risques. Mais la réciproque est vraie : les équipes techniques peuvent également être myopes. L'interaction doit donc être présente, à la bonne granularité.

Lorsque le champ des Possibles est potentiellement infini, il sera nécessaire de regrouper par blocs l'ensemble des Possibles par l'élaboration d'une typologie afin d'en avoir un nombre suffisamment faible pour que leurs implications puissent être concrètement analysées. Par exemple pour une décision d'allocation d'actifs, ce sera une typologie de scenarii possibles (défaut d'un émetteur souverain donné, taux négatifs, etc.). Ici encore, cela ne peut pas être totalement délégué, sans échange, sans orientation.

(ii) *Etape à la Solé :* Après ce recensement le plus exhaustif possible, rejeter les scenarii qui seraient considérés comme Impossibles par le décideur.

Par Impossibles, nous entendons ici ceux dont il ne souhaite pas prendre en compte l'éventualité de survenance car il la juge négligeable. Présenté d'une façon apparemment différente mais au fond identique, cela signifie « les risques qu'il accepte de courir » : « je rejette un scénario comme Impossible si et seulement si j'assume que je ne serai pas protégé s'il a lieu ». Cette étape conduit, pour une décision d'investissement par exemple, à ne conserver que les scenarii dont le décideur ou l'instance de décision considère ne pas pouvoir négliger l'occurrence (souhaitons-nous envisager ou non un défaut de l'Etat français ?).

(iii) *Etape à la Taleb*[54] *:* se concentrer sur les conséquences.

En analysant l'impact des différentes actions possibles dans chacun des scenarii restants, choisir l'action qui rapporte le plus dans le scénario auquel « on croit le plus », sous contrainte que ses conséquences soient acceptables dans les cas que les étapes précédentes ont conduit à considérer susceptibles de se produire (les « Possibles »). Et, le cas échéant, prendre des mesures pour atténuer l'impact des scenarii adverses si cet impact n'est pas acceptable dans l'ensemble des situations que le décideur a décidé d'envisager. Dans notre exemple d'investissement, cela consisterait à retenir l'allocation maximisant le rendement dans le scénario privilégié, sous contrainte que ce rendement reste acceptable dans les autres scénarii envisagés.

Certes, ce processus est une promesse de sang, de sueur et de larmes. De sang, parce qu'il interdit de se défausser sur un technicien dissimulé ou sur une statistique éthérée, parce qu'il explicite et cristallise les responsabilités que le système quantitatif formel permettait de dissoudre. De sueur, car il a comme principal défaut opérationnel d'être long, pouvant nécessiter des itérations et le cas échéant une révision de la notion de « conséquences acceptables »[55]. De larmes enfin parce que, d'un point de vue psychologique, ce processus est plus lourd à porter pour le décideur qui doit décider, seul face à sa conscience, sachant qu'il ne sait pas, et assumer l'arbitraire de sa décision.

En revanche, ce processus respecte la nécessaire porosité entre analyse et décision : la décision n'est plus la résultante d'une analyse, les deux sont étroitement imbriquées. Ainsi, si une telle méthodologie est plus exigeante en temps pour le décideur, c'est parce qu'elle l'oblige à s'approprier l'analyse qui devient indissociable de la décision, puisque la catégorisation d'une éventualité en tant qu'Impossible (ou, en négatif, sa non identification) relève à la fois de l'analyse et de la prise de décision. Cette méthodologie est également cohérente, en termes organisationnels, avec les mécanismes d'analyse et de décision qu'on observe en entreprise où il existe un continuum entre le technique et le politique (expert, manager, directeur, Comex).

Qui plus est, ce processus permet d'assumer la subjectivité du décideur : il le rend responsable de ses décisions. Il évite notamment l'assimilation diffuse et omniprésente entre « probabilité faible » et « impossible » qui est propice à la fois à tous les dédouanements et à toutes les dénonciations passionnelles dans les cas de survenance d'événements adverses.

Aussi le « temps de direction » nécessaire à la mise en œuvre de ce processus est-il le coût nécessaire pour permettre une décision à la fois éclairée et assumée.

Ceci plaide pour une évolution des structures organisationnelles usuelles dans l'industrie financière : souvent, les modèles quantitatifs réglementaires sont rattachés aux fonctions Risques et les fonctions Risques sont proches des fonctions Finances. Avoir fusionné ainsi, *via* les modèles, la gestion des risques et les exigences financières est sans doute une des pires erreurs que la réglementation ait pu faire. Le fait que « gérer le risque, c'est imaginer les futurs » plaide pour une organisation alternative. D'un côté les Finances, qui gèreront les hochets quantitatifs de la réglementation en symbiose étroite avec l'ensemble des autres paramètres et enjeux financiers, et de l'autre les Risques fusionnés avec la Stratégie.

On pourra par ailleurs remarquer qu'en termes d'allocation d'actifs, la stratégie d'allocation en 1/N qui revient à la mode dans la littérature correspond au fait de ne vouloir exclure aucun scénario de chute d'un actif donné du champ des Possibles. Les anciennes règles prudentielles de dispersion des placements des compagnies d'assurance, qui limitaient la proportion du bilan investie par type d'investissement et par ligne d'investissement en sont un avatar. Cela correspond également à la sagesse populaire, qui a décanté (dans plusieurs langues) le proverbe « ne pas mettre tous ses œufs dans le même panier » (et non « mettre tous ses œufs dans un panier molletonné »[56]). Ainsi, notre proposition n'est guère que la formalisation d'anciennes heuristiques qui disparaissent, grignotées par un culte de la justification formelle. Culte qui ronge et dissout, comme un acide, la responsabilité de décideurs cherchant à se protéger.

Car, au fond, décider, c'est assumer l'ignorance, la subjectivité, et leurs conséquences.

Comme le souligne Solé, cela nous ouvre la perspective de nouveaux mondes. Il rejoint en cela von Mises, qui rappelle, en négatif, que : "[*P*]*our l'homme agissant le futur est caché. Si l'homme connaissait l'avenir, il n'aurait pas à choisir et il n'agirait pas. Il serait comme un automate, réagissant à des stimulations sans aucune volonté qui lui soit propre* »[57].

Résumé & conclusion : non une doctrine de l'immobilisme, mais de l'action en cas d'ignorance assumée

« *La vraie pensée, celle qui fait l'âme, la matière, celle qui est archaïque, c'est celle qui sent plutôt que celle qui analyse. Oui, l'analyse est à la portée de tout le monde. La vraie intelligence consiste à sentir, donc à déterminer l'action et la décision. L'exercice suprême de l'intelligence, c'est la décision. Il y a des centaines, des milliers d'analystes brillants mais peu de décideurs. La décision - une fois qu'on a fait 80% d'analyse -, c'est le vide qu'il y a entre le moment où l'on saute et celui où on réussit. Il faut donc du courage parce qu'il faut sauter. Il n'y a pas d'intelligence sans courage.* »

O. de Kersauson, Le Monde comme il me parle.

Synthèse du problème – Synthèse des conséquences dans le domaine de la finance – Un besoin d'évolution sociétale – Piste de solution – Briser le cercle vicieux – Enclencher le cercle vertueux

Synthèse du problème

Nous avons montré que l'utilisation de statistiques pour gérer le risque (c'est-à-dire la transposition à des situations aléa d'outils conçus pour appréhender la pluralité) est très aisée du point de vue du formalisme mathématique, mais se fonde sur l'identification de deux observateurs dont la position est radicalement différente, par exemple un assureur, qui *sait* que 3 000 de ses 10 000 assurés auront un cancer, et un assuré, qui *ne sait pas* s'il aura un cancer ou non. Pour un observateur en situation aléa, cette transposition qui conduit à utiliser des indicateurs statistiques :

(i) est non pertinente, puisqu'elle ne lui permet pas d'appréhender la situation à laquelle il sera confronté *ex post,*

(ii) engendre une représentation mentale erronée de la situation, en créant une illusion de prédictibilité,

(iii) et ne permet pas la responsabilisation des acteurs.

De ce fait, « l'information » apportée est susceptible de nuire à la qualité de la prise de décision. Et, au-delà d'être une faillite intellectuelle, l'utilisation de statistiques en situation aléa est le cache-misère de nos faiblesses psychologiques.

Synthèse des conséquences dans le domaine de la finance

Cet amalgame est particulièrement fréquent dans les institutions financières. De fait, celles-ci ont pour mission historique de mutualiser le risque d'autrui, c'est-à-dire de gérer la pluralité. Elles ont donc développé à cette fin des outils statistiques qui ont fait leurs preuves. Plus récemment, abusées par l'unicité du formalisme mathématique susmentionné, elles ont transposé ces outils à leurs propres dangers (e.g. leur exposition aux crises financières, qu'elles ne peuvent pas bien mutualiser donc vis-à-vis desquelles elles sont en situation aléa).

Nous ne reviendrons pas sur chacun des enseignements que nous avons présentés, mais l'élément central est le suivant : si les outils statistiques sont pertinents pour appréhender la rentabilité de leurs activités métier, en revanche ils ne le sont pas pour appréhender le danger que cherchent à gérer les équipes de *risk management* ou le régulateur. Le champ d'utilisation des probabilités doit donc être limité aux activités de business, à la tarification et la surveillance des contrats ; inversement, en matière de gestion des risques, les heuristiques existantes ne doivent pas être détruites par une conceptualisation erronée, et la dispersion reste le critère fondamental. Lorsque la problématique est celle de la survie de l'entreprise, l'enjeu est d'identifier l'ensemble des éventualités adverses qu'on jugera non négligeables et de les considérer sur le même plan, sans se préoccuper de leurs probabilités relatives. Ceci va frontalement à l'encontre des évolutions de la régulation prudentielle en Europe des 15 à 20 dernières années[58].

Un besoin d'évolution sociétale

Même si l'abandon d'une ambition de théorie de la décision intégrable dans les modélisations microéconomiques limite les perspectives d'ingénierie sociale, cet abandon est d'autant plus crucial que l'erreur conceptuelle que nous dénonçons est entrée en résonnance avec d'autres travers de notre société qui la conduisent à ne plus penser le risque correctement.

La société ne comprend plus le risque parce que le caractère inintelligible des faibles probabilités nous conduit à ne plus savoir de quoi nous parlons lorsque nous parlons de risque. Il est alors naturel qu'on ne sache plus ce qui est acceptable et ce qui ne l'est pas. Dès lors, on refuse l'inévitable : une erreur judiciaire, un accident de train ou d'avion mobilisent toute la classe politique. Et inversement, on accepte, subit ou met en œuvre ce qu'on pourrait refuser, tel que des courses collectives vers les prochaines bulles ; cela parce que les décideurs, publics en l'occurrence, ne veulent pas assumer une prise de décision, par exemple celle qui correspondrait au choix de la réponse à la question « nous sommes déjà en bulle ou pas encore en bulle ? ». Comme il y aurait une part d'arbitraire dans cette décision, ils préfèrent abdiquer et laisser la mécanique sans pilote des marchés déterminer le plafond et le krach. On ne fait plus de grands investissements. Les pouvoirs publics ne veulent plus les assumer, les entreprises privées non plus. On oscille d'absence d'investissements en délégations sur-processées. Mais l'entreprise qui ne prend pas le risque de construire le canal de Panama n'aurait jamais construit celui de Suez. En revanche, ceci nous conduit à davantage d'échecs collectifs, les seuls qui soient gênants pour une société. En effet, en abandonnant nos points de vue individuels pour utiliser les mêmes outils outrancièrement conceptuels et faussement intelligents, en remettant nos décisions à des process standardisés, nous mettons tous les décideurs en résonnance et supprimons la pluralité de la société pour la transformer en aléa.

La société ne comprend plus le risque parce qu'elle cerne mal l'articulation entre analyse et action. D'une part, parce qu'en auréolant l'analyse d'une objectivité fantasmée et en oubliant que l'analyse doit être subordonnée à la décision qu'elle entend éclairer, elle crée une dichotomie artificielle entre les deux ; elle les dissocie à tort, en laissant croire que l'analyse peut être objective, donc laissée aux experts, faisant oublier qu'analyser, c'est déjà exercer sa subjectivité et réaliser la quasi-totalité de la décision. D'autre part, parce qu'elle confond les conditions de pertinence de l'analyse et celles de l'action ; parce que tout en dissociant formellement l'analyse de l'action, elle plaque à tort sur l'une et sur l'autre les mêmes exigences : ayant constaté qu'une mauvaise décision est généralement préférable à une absence de décision, elle transpose abusivement cette observation au champ de l'analyse, préférant une mauvaise analyse à une absence d'analyse, préférant se fonder sur du faux plutôt qu'avoir conscience de son ignorance.

La société ne comprend plus le risque parce que la confusion entre aléa et pluralité crée une illusion prédictive qui laisse accroire à l'existence de décisions « objectivement bonnes ». Et elle va demander des justifications, c'est-à-dire de la quantification. Or quand on quantifie, tout devient possible : une probabilité peut être faible, mais elle est rarement nulle. On n'est alors plus dans une logique d'assumer avoir catégorisé une éventualité en négligeable. On est donc déresponsabilisé. L'argumentaire se substitue à la conscience. C'est l'effet collatéral de la victoire de Descartes sur Pascal. Ainsi, les *process* et modèles actuels de gestion des risques sont devenus des machines à permettre aux dirigeants d'éviter d'être des boucs émissaires (mais aussi des responsables), en assignant cette fonction à des outils (ce qui a d'ailleurs remarquablement fonctionné lors de la dernière crise financière).

La société ne comprend plus le risque parce qu'elle ne *veut* pas le comprendre. En effet, si toute société est inégalitaire, elle doit forger un discours pour rendre ces inégalités acceptables. Ce peut être la volonté d'un dieu ou le destin : une condition de caste en Inde, une naissance noble ou de serf au moyen-âge. Dans notre société occidentale, ce qui rend les inégalités acceptées par tous, c'est le mérite (pour les inégalités entre le bas de l'échelle et les classes moyennes) et le talent (pour les inégalités entre les classes moyennes et le haut de l'échelle). Or, si l'aléa est significatif, ce discours s'écroule. L'aléa, s'il a des conséquences significatives sur la réussite ou l'échec, est contraire au mérite, au talent. La société a donc besoin de pudeur pour dissimuler cet aléa. C'est justement ce que permet de faire l'utopie développée par l'économie de décisions « objectivement » bonnes ou non. Utopie qui a pu être développée à l'aide des outils qui transforment abusivement l'aléa en pluralité.

La société ne comprend plus le risque parce que l'économie irrigue sa pensée et que l'économie ne sait ni ne veut penser le hasard. Elle ne sait pas penser le hasard puisqu'elle le déterminise, comme l'a fait le prix Nobel Debreu de façon paroxystique en inventant, pour son équilibre général, un monde où tous les futurs seraient envisagés et quantifiés ; elle le déterminise en amalgamant les individus autonomes et les sociétés statistiques. Elle ne veut pas penser le hasard car, s'il est significatif, il peut ruiner toute conclusion d'un raisonnement logique, donc toute rhétorique, et empêche donc de convaincre ; c'est un obstacle à l'hégémonie d'une analyse. Elle ne veut pas le penser car il interdit de conclure sur ce qu'il faudrait faire et empêche donc de conseiller ; c'est un obstacle à l'influence.

La société ne comprend plus le risque parce que, cognitivement, il est difficile à comprendre : le risque, c'est ce qui, *une seule fois*, se produira ; *ou pas*. Il n'est donc pas possible d'avoir du recul vis-à-vis du risque. Par exemple, lorsque le président de la Fédération Française de l'Assurance (FFA) s'émeut du fait que la réglementation ait pu considérer que les actions Apple étaient plus risquées que la dette grecque[59], chacun aurait tendance à partager son émotion. Mais… quelques années avant, la dette grecque était remboursée rubis sur l'ongle, et Eurotunnel, Vivendi ou Alcaltel s'écroulaient. Alors c'était justifié et plus maintenant ? Affirmer cela, c'est considérer que ce qui s'est écroulé était risqué et que ce qui a tenu ne l'était pas : c'est voir un modèle de risque comme une prévision, c'est penser l'évaluation d'un risque comme un jugement déterministe. Bref, c'est ne pas éprouver, ressentir, comprendre, rationaliser l'essence de l'aléa. Tout le monde sait qu'une entreprise AA peut faire défaut. Tout le monde considérera, après le défaut d'une entreprise AA, que la notation était mauvaise. Et tout le monde considèrerait, si aucune entreprise AA ne faisait défaut, qu'elles ont toutes été mal notées et auraient dû être AAA. Ce que montre bien en filigrane le Président de la FFA avec sa remarque, c'est qu'*on ne peut pas* quantifier le risque.

Piste de solution

Quoi qu'il en soit, au niveau individuel, ne pas être capable de décider dans l'incertitude et recourir à des statistiques vides de sens et arbitraires, c'est ne pas être un décideur. C'est jouer la décision à pile-ou-face, c'est-à-dire préférer reporter la responsabilité de la décision sur la pièce tournoyant dans l'air avant de se figer, ce alors que d'autres dépendent de notre décision, *parce que* d'autres dépendent de cette décision et qu'elle est d'autant plus difficile à prendre. C'est en ce sens que Kersauzon insiste sur la nécessité du courage dans la prise de décision. Vouloir pousser l'analyse jusqu'à la conclusion c'est, au fond, ne pas avoir le courage de prendre une décision et faire semblant de croire que l'expert peut s'en charger.

Nous proposons une méthode de prise de décision dans l'incertain alternative aux pratiques actuelles de la théorie de la décision, d'allocation d'actifs et de *risk management* quantitatif qui se fondent toutes sur l'optimisation d'indicateurs statistiques : identifier le scénario auquel on croit et ceux qu'on craint et, en conservant l'irréductible contingence, procéder à une maximisation dans le premier sous contrainte d'acceptabilité dans les seconds.

D'une part, cette méthode améliore la pertinence du cadre de décision et, d'autre part, elle évite la déresponsabilistation des acteurs : en nuançant le distinguo artificiel entre analyse et décision, elle permet de raisonner sur des critères tangibles et d'assumer la subjectivité au bon niveau.

C'est cependant une méthode qui, au niveau opérationnel, est coûteuse en temps et, d'un point de vue théorique, ne peut guère s'intégrer dans un schéma d'optimisation mathématique. Elle emporte deux renoncements forts. Pour le décideur à qui, en supprimant une illusion inconsciente mais tenace de prédictibilité, elle ôte une béquille psychologique et le force à assumer une prise de décision *en ignorance* : « je ne sais pas » (« et je choisis malgré tout une option »). Pour le théoricien de la décision en incertain, à qui elle ôte à la fois un référentiel permettant de définir la rationalité et l'espoir d'une théorie générale : il n'a plus qu'une méthodologie, dans des contextes irréductiblement contingents.

Ce prix à payer peut sembler lourd. Mais à mon sens, il ne permet pas tant d'améliorer la pertinence, que de créer une pertinence *là où il n'y en avait pas* (et où les pratiques dégradaient donc la compréhension de la situation, puisqu'il est préférable d'être conscient de son ignorance que de s'illusionner).

De plus, soulignons que même si cette solution n'est pas parfaite, même si elle est significativement moins confortable, se demander « par quoi remplacer » un outil « même pas faux » n'est pas la bonne question : on n'arrête pas une drogue en se demandant par quoi la remplacer. Refuser d'utiliser ces anciens outils, même sans la moindre solution de substitution, ce ne serait pas ne pas prendre décision. Considérer qu'il est préférable d'affirmer « je ne sais pas s'il va se passer A ou B » plutôt que de se réfugier dans un indicateur statistique vide de sens estimé de façon arbitraire, ce n'est pas contribuer à une doctrine de l'immobilisme. Supposons par exemple que vous soyez dans le désert, que vous ayez soif et que quelqu'un vous tende une bouteille de vin. Un médecin vous recommanderait de ne pas la boire : le vin ne vous hydraterait pas et au contraire vous déshydraterait davantage ; même si vous n'avez rien d'autre à boire, ces recommandations médicales ne signifient en rien que vous devez vous arrêter de marcher et vous laisser mourir (tout comme elles ne signifient pas qu'il ne faut jamais boire de vin, mais uniquement qu'il ne faut pas le faire dans les circonstances dans lesquelles vous êtes). Assumer l'ignorance face à l'aléa ne participe pas davantage d'une doctrine de l'immobilisme. Il s'agit d'une doctrine, (i) pour les experts, de l'imagination concrète (« *quel est le champ des possibles ?* »), et (ii) pour les décideurs, du fait d'assumer l'arbitraire dans la prise de décision, en décidant explicitement de négliger ou non telle éventualité (et en agissant en fonction de cette décision). C'est une doctrine de la prise de risque *en conscience*, par opposition à une doctrine du mécanisme justificateur, où pour se soulager d'une décision a-rationnelle, on tirerait à pile ou face afin de faire porter à la pièce la responsabilité du choix.

Briser le cercle vicieux

Au-delà d'une méthodologie pratique, de quoi avons-nous collectivement besoin pour progresser dans notre gestion des risques, c'est-à-dire pour progresser dans l'harmonie entre prévention des risques et acceptation des risques ?

Nous avons besoin de sortir du virtuel qui allège la conscience lors de la prise de décision, virtuel permis par des concepts ni vrais ni faux. Nous n'y reviendrons pas.

Nous avons besoin de développer notre connaissance culturelle et historique. Lire Kessel décrivant, dans *Mémoire des hommes*, son arrivée à New York après le krach de 1929 et relatant ce qui y a conduit, c'est comprendre et être en mesure d'anticiper la crise de 2008 bien mieux qu'avec un manuel prétendant expliquer comment gérer les risques en décrivant les techniques mathématiques de contrôle optimal stochastique. Lire Zola décrire dans *L'Argent* ce Janus éponyme, c'est comprendre les vertus, les vices et les dangers du système bancaire du XIXème et du XXIème siècles plus finement qu'avec un livre censé porter sur la gestion des risques et décrivant des méthodes de *pricing* de produits dérivés. Feuilleter *Les Annales* de Tacite et le voir décrire la crise de la dette de 33 et le *Quantitative Easing* lancé par Tibère, c'est, bien mieux qu'en ajoutant un ènième paramètre à un modèle de taux, comprendre ce que peuvent faire les banques centrales, ce qu'a fait la Fed en 2008 et qu'elle n'avait pas fait en 1929.

Nous avons besoin de recourir, pour les équipes de gestion des risques, à des personnes ayant l'expérience du métier plutôt qu'à des personnes habiles à manipuler équations et logiciels. Car les mathématiques n'apportent que de la cohérence interne, et non un grip avec la réalité. Pour anticiper des futurs, pour ouvrir le champ des possibles, elles sont de bien peu d'utilité. Les profils quantitatifs ne pourront que creuser des futurs déjà identifiés, pareil à un ivrogne cherchant ses clés sous le lampadaire non parce qu'il les a perdues là, mais parce que c'est là qu'il y a de la lumière. Au mieux, il quadrillera intelligemment la zone éclairée. La belle affaire !

Nous avons besoin d'être rigoureux dans le vocabulaire pour avoir un espoir de (se) comprendre. Car comme le disait Camus, « *mal nommer un objet, c'est ajouter au malheur du monde* ». La mer a un terme pour le clapot et un pour les tsunamis, mais le terme « risque » est utilisé indifféremment pour désigner le carburant dont l'assurance et la finance ont fait leur métier et les dangers auxquels elles sont exposées. Le danger d'une telle homonymie est parfaitement exprimé par Kessel lorsqu'il écrit, dans *Le Tour du malheur,* que « *rien n'est mieux fait pour interdire la compréhension véritable que les fausses parentés intellectuelles, et d'appliquer les mêmes mots à des sentiments qui n'ont en commun que le nom. Autant s'acharner, parce que rien ne ressemble à une ligne droite comme une autre ligne droite, autant s'acharner à joindre deux parallèles.* » Il faut pareillement clarifier le globi-boulga usuel autour des modèles de risque où on confond allègrement modèle d'erreur et modèle de pluralité. Et cesser de qualifier le *pricing* d'option ou la tarification d'un contrat de *risk management* : évaluer ou suivre les coûts, cela relève du contrôle de gestion et non de la gestion des risques.

Nous avons besoin de privilégier les disciplines telles que le business, la psychologie ou la sociologie. Car l'observation y précède l'analyse et la conceptualisation. Elles observent concrètement, intimement, qualitativement, la façon dont les acteurs pensent, agissent, interagissent. C'est cela qui permet le mieux, sans doute, de connaître les travers à éviter et les comportements sur lesquels jouer, dans l'observation des décisions solipsistes plutôt que dans la normalisation conceptuelle éthérée.

Nous avons besoin de forger une colonne vertébrale pour assumer les responsabilités. Car si on exige des *process* et des chiffres, c'est parce qu'on n'a plus confiance. Car si on se noie toujours plus dans les déferlantes d'interprétations réglementaires, c'est parce qu'on n'a plus de principes (tacites et partagés). Car si on se concentre toujours plus sur les moyens et que chacun ne cherche donc plus qu'à jouer la règle plutôt que la cible afin de se protéger, c'est paradoxalement parce qu'on n'accepte plus la responsabilité du résultat. Depuis le 1er janvier 2016, la réglementation européenne des assurances n'est ainsi plus une obligation de résultats comme elle l'avait été pendant des décennies, mais de moyens.

Nous avons besoin de développer, parallèlement, l'acceptabilité de l'échec. Car face à de l'aléa, il est effectivement possible d'être « responsable mais pas coupable ». Un juge faisant une erreur, lorsqu'il entend l'accusation dire noir et la défense blanc peut être responsable mais pas coupable. De même, acheter des vaccins en prévention d'une épidémie potentielle qui ne se produira pas, tout comme ne pas en acheter alors qu'elle se produira, peut être en phase avec une responsabilité sans culpabilité. En matière d'aléa justement, plus le décideur est responsable, c'est-à-dire plus il a une colonne vertébrale et une conscience, et moins il est coupable.

Enclencher le cercle vertueux

La décision est indissociable de la gestion des risques. Puisque pour une personne morale comme pour une personne physique l'absence de risque, c'est la mort (économique ou juridique, physique), « gérer le risque » ne peut pas être assimilable à « réduire le risque ».

Gérer le risque, c'est « simplement » être responsable. Les mathématiques sont de peu d'aide pour cela, et les investissements en sont un excellent exemple. Qu'y font les outils mathématiques ? Ils déresponsabilisent. *Ex post*, ils formaliseront la « faute à pas de chance », et *ex ante*, ils suppriment les enjeux, les font disparaître du champ de vision du décideur : où est l'enjeu entre deux couples risque/rendement virtuels, où est l'enjeu dans le choix de tel optimum de Pareto plutôt que tel autre ?

Gérer le risque, c'est être responsable : s'efforcer d'être conscient des impacts, veiller aux conséquences, pour soi et pour autrui, assumer les décisions prises. Et réciproquement, être responsable, c'est gérer le risque.

Nous avions vu qu'un directeur des risques ne devait pas se comporter en directeur financier au rabais ou directeur de la conformité bis, qu'il devait agir en directeur de la stratégie élargissant le champ des possibles et assumant une vision stratégique ? Un directeur des risques, c'est aussi et surtout quelqu'un qui travaille au confluent d'une direction des ressources humaines et d'une direction générale pour déployer et favoriser sans relâche une culture de la responsabilité.

Précisons ce que nous entendons par « responsabilité ». D'aucuns (e.g. Taleb) voudraient la propager par le « *skin in the game* », par exemple en rappelant que si le pont du Gard est toujours debout, c'est parce que les Romains faisaient dormir les architectes et leur famille sous les ponts construits pour les inciter à concevoir des édifices solides. Ponctuellement, s'il y a eu trop de dérive (et on a pu en observer dans l'industrie financière), pourquoi pas. Mais ce n'est pas ce que j'entends, de façon structurelle, par le développement d'une culture de responsabilité. De même que, comme le répète à l'envi un Villepin, « faire une guerre, c'est facile et ça ne résout rien », on pourrait affirmer que fusiller après un échec, c'est facile et ça ne résout rien. Au contraire, si on souhaite que les gens se comportent de façon responsable, il faut qu'ils se sentent en confiance. La responsabilité, c'est donc un état d'esprit, une « valeur ». Fusiller en cas d'échec, c'est inciter chacun à se protéger plutôt que de se comporter de façon responsable vis-à-vis d'un but global. C'est alimenter le formalisme au détriment du fond. C'est inciter à préparer la justification et non l'avenir. C'est alors contreproductif.

Gérer le risque, c'est accepter l'échec. Si, face aux aléas, chacun se comporte de façon responsable, alors l'échec, lorsqu'il se produit, est légitime.

En 1916, la bataille du Jutland, à 200 km au large du Danemark, est considérée comme la bataille navale la plus importante et la plus cruciale de la première Guerre Mondiale. Deux-cent cinquante navires y sont engagés : les deux principales flottes des deux marines les plus puissantes de l'époque. Les escadres manœuvrent : celle qui parviendra à « barrer le T » de l'autre pourra utiliser toute son artillerie pour la canonner en enfilade, et l'autre ne pourra que subir le feu et sera détruite. Mais le brouillard dissimule les bateaux, les positions réciproques. Jellicoe, le commandant en chef de la *Grand Fleet* est face à sa conscience. Il ne sait s'il doit faire virer ses escadres sur babord ou sur tribord. S'il prend la bonne option, il coupe le T de la *Hocheseeflotte*. S'il prend la mauvaise, c'est son T qui sera coupé. Le gain ou la perte de la bataille, et sans doute bien plus. Il est alors plus que jamais, selon les mots de Churchill, « *le seul homme capable de perdre la guerre en un après-midi* ».

Jellicoe n'a pas mis en place de processus. Il ne pouvait pas calculer le pour et le contre.

Après une minute de silence absolu face à son état-major, retiré dans sa conscience, il fit virer ses navires.

A bâbord...

Notes

[1] Rama Cont, 2009, Risques financiers : quelle modélisation mathématique ?, *Pour la Science*, n° 365.

[2] Vaissié, M. (2012), Solvency 2 : A Unique Opportunity for Hedge fund Strategy, *EDHEC-Risk Institute Working Paper*.

[3] Planchet, F. et Leroy, G. Que signifie la ruine dans Solvabilité 2, *la Tribune de l'Assurance* (rubrique « le mot de l'actuaire »), n°147 du 01/05/2010.

[4] J. M. Keynes, Théorie générale de l'emploi, de l'intérêt et de la monnaie, 1936.

[5] Similairement, mathématiquement, il n'est pas possible de décrire une espérance sans somme, qu'elle soit discrète ou continue : une espérance suppose donc une répétition du phénomène.

[6] Pour être précis, le gain d'« utilité » moyenne.

[7] ou une fonction de distribution.

[8] *Financial Times*, 16 mars 2008.

[9] La faille dans le raisonnement correspond à ce qui a été décrit dans certaines sciences (physiques, puis psychologie), sous le nom de leurre ergodique, consistant à considérer que la propriété d'un ensemble est également propriété des éléments qui le composent. Voir par exemple sur ce sujet *La tyrannie de la norme*, Rose, T., 2017, ed. Belfond.

[10] Si tous ces indicateurs sont « même-pas-faux », ce qu'on voit apparaître en filigrane, c'est que le concept de « modèle de risque » lui-même est un concept « même-pas-faux ». De fait, soit on s'intéresse à la pluralité, et il ne s'agit pas de risque puisqu'on peut tout mutualiser. Soit il s'agit d'un aléa, et tout modèle visant à quantifier le danger tombera dans les travers que nous venons de décrire.

[11] Un troisième champ peut être identifié : la régulation tierce, où plusieurs phénomènes coexistent et trois acteurs, par exemple un client, une entreprise régulée et la puissance publique régulatrice, sont embarqués dans un jeu de relations

où chacun est tantôt en situation aléa tantôt en situation plurielle, selon le phénomène observé. Nous nous concentrerons ici sur les deux premières catégories, présentées dans le corps de l'ouvrage.

[12] Au-delà du caractère très répandu de ce fameux couple dans les analyses et les décisions d'investissement, le fait d'utiliser ainsi des grandeurs virtuelles est désormais porté par la réglementation. Par exemple, pour la surveillance de l'épargne, les institutions devaient auparavant déterminer leurs engagements en scénario adverse, afin d'être sûr qu'elles pourraient les tenir (et si les marchés financiers se portent bien, ce sera une bonne nouvelle pour tout le monde). Désormais, la régulation prudentielle demande aux assureurs de valoriser leurs engagements en espérance, en faisant une moyenne virtuelle de centaines ou de milliers de scenarii aléatoires. Leur matelas de sécurité destiné à assurer une résistance aux chocs doit également être évalué en espérance, un peu comme si on mesurait des icebergs de la calotte polaire en se demandant quelle surface du Sahara on pourrait arroser avec.

[13] Proxy obtenu par une moyenne du Dow Jones, du Nikkei et de l'EuroStoxx pondérée par les PIB respectifs.

[14] CAC 40 reconstitué par Le Bris, 2011.

[15] On pourrait songer à une alternative : prendre comme espérance une anticipation macroéconomique prospective plutôt qu'une moyenne statistique du passé. Outre le fait que le problème de l'arbitraire resterait entier pour l'autre paramètre, l'indicateur de risque, cela ne résoudrait rien. Cela correspondrait à un changement de vision du monde : on basculerait alors dans une vision déterministe, où le central considéré est un estimateur de ce qu'on obtiendra, et où les indicateurs de risques deviennent des indicateurs de la marge d'erreur. Dans un tel cas de figure, et pour les mêmes raisons, on ne peut que constater que la marge d'erreur est, au regard de la précision nécessaire pour éclairer la prise de

décision, trop importante pour qu'on puisse se fonder sur une telle analyse.

[16] On peut bien sûr tenter de raffiner l'analyse, par exemple en ne faisant pas de statistiques financières brutes, mais en s'efforçant de développer des modèles macroéconomiques sous-jacents. Cela ne ferait que déporter le problème : quelle croissance retenir par exemple, alors qu'elle a été nulle pendant 2 000 ans ; est passée à 0,5% entre 1700 et les balbutiements de la révolution industrielle en Angleterre, et 1920 ; est montée à 5% pendant les trente glorieuses… avant de redescendre à 2 ou 3% puis de sembler s'installer en dessous.

[17] Cette difficulté de calibrage est-elle si surprenante ? Pour calibrer, il faudrait changer de point de vue : basculer d'une position aléa à une position plurielle. Le problème est qu'il n'est pas possible ici d'atteindre une vision plurielle car le cadre est mouvant. Quel que soit le point de vue, on ne joue donc qu'une fois. Au fond, il ne s'agit guère que de la vision duale de la critique conceptuelle : dès lors que le risque est significatif, on ne peut plus même calibrer d'espérance de rendement. Réciproquement, s'il était possible d'estimer une espérance de rendement sans jugement arbitraire, dit « d'expert », cela signifierait que le risque serait insignifiant. En d'autres termes, même d'un point de vue extérieur, même si nous n'étions plus des fourmis mais l'entomologiste, nous serions incapables de calibrer. De calibrer objectivement. Car, même dans l'absolu, indépendamment de notre position, l'histoire, comme le disait Céline, ne repasse pas les plats : en matière d'investissements, de mouvements des marchés, il n'y a pas d'espérance, pas de quantile. On mesure là la vacuité du nouveau cadre européen de protection des épargnants, qui demande aux assureurs de calculer un matelas censé absorber un risque correspondant au pire choc annuel sur 200 : en supposant que notre cadre économique reste stable

pendant une vingtaine d'années, cela reviendrait à demander quelle est la pire note sur 200 dans une classe de vingt élèves... Une extrapolation de fonction mathématique ne peut pas « créer » les 180 données manquantes. En matière de science, les mathématiques ne peuvent se substituer aux faits. Pour calibrer un couple risque / rendement, il n'y a pas de faits objectifs sur lesquels s'appuyer.

[18] Et, bien sûr, la décision étant un choix entre des couples d'indicateurs virtuels dont chacun sait qu'ils ne correspondront pas, par essence, au résultat observé, personne n'est responsable de la qualité de la décision.

[19] En effet, si c'était « déterministe » avec un cadre labile, on pourrait voir, prévision après prévision, si les choix réalisés ont été les bons. Si c'était aléatoire à court-terme avec un cadre macro stable, on pourrait *backtester* sur les 10, 20 ou 30 années précédentes. Mais dans notre situation, on peut toujours dire que le choix a été mauvais parce qu'on est tombé sur le mauvais scenario, et on ne peut pas correctement *backtester*, puisque les paramètres macro changent (et partant les calibrages des simulations).

[20] Probabilités initialement définies à partir de l'espérance, comme le ratio de l'espérance sur le gain.

[21] Débat entre Halley, Bernouilli, Buffon et d'Alembert sur l'opportunité de « vacciner » la population contre la variole.

[22] D'Alembert et Buffon.

[23] Bernouilli, introduisant les fonctions d'utilité qui seront reprises par von Neumann et Morgenstern, et Condorcet. On retrouve ici également les idées qui seront ensuite redécouvertes par Kahneman et Tversky.

[24] Voir par exemple Allais (1953).

[25] Von Neumann et Morgenstern (1944) pour la formulation sous forme d'espérance et Savage (1954) pour la formulation axiomatisée.

[26] Navigant entre les « *on n'arrivera jamais à unifier* » ou autres « *recenser toutes les déviations serait trop long* » et les « *il ne nous reste plus qu'à expliquer…* » suivis d'une litanie de paradoxes fondamentaux.

[27] L'économie n'y arrive que par de l'*ad hoc*, et en sacrifiant pour cela ponctuellement d'autres concepts, comme la satiété.

[28] Remarquons d'ailleurs que les avancées des autres disciplines montrent que, même pour la vie quotidienne, l'analyse ne saurait se substituer à la prise de décision. Ainsi, un cas est resté célèbre dans les neurosciences : celui de Philéas Gage. Une barre à mine avait traversé le cerveau de cet ouvrier, qui avait survécu. Ses capacités analytiques étaient restées intactes, mais ses capacités de prise de décision avaient été fortement altérées.

[29] Qu'il s'agisse d'une simple espérance ou bien de grandeurs plus raffinées comme une espérance d'utilité, un ratio de Sharpe, etc.

[30] J. Richier, P-DG d'Allianz France, *Les Echos*, 31 janvier 2014.

[31] J'insiste encore sur le fait qu'il s'agit du point de vue de l'assuré, plongé dans une situation aléa. Pour l'assureur ou la société, en situation plurielle, il s'agit bien d'un progrès tant qu'à chaque fois il a affaire à deux sous-portefeuilles sur lesquelles il pourra observer une moyenne.

[32] D'un point de vue moral, on peut même s'étonner d'un raisonnement consistant à dire : « si Anatole a plus de chances d'avoir un cancer que Béatrice, il est juste qu'il paye son assurance plus cher » : Anatole devrait alors non seulement davantage subir le fait d'avoir un cancer, mais en outre serait puni par la société puisqu'il devrait s'appauvrir en payant plus cher son assurance. La « justice » reviendrait alors à ajouter une pénalité financière à la malchance physiologique.

[33] Il ne faut sans doute pas surestimer l'aspect responsabilisateur. Ainsi, peu de personnes décident de faire ou non du parachutisme ou de modérer leur consommation d'alcool en raison du tarif d'assurance associé.

A contrario, cela semble jouer plutôt en termes de pression sociale. Ainsi un collègue travaillant dans une start-up d'assurance visant à personnaliser les tarifs d'assurance santé m'a indiqué que l'impact de travailler sur ce produit était que lors des pauses cigarettes, chacun ne se souciait plus de sa propre consommation, mais de celle des autres : ils étaient dans la même case tarifaire, et par conséquent si un autre consommait trop, il dégradait vos statistiques (alors que c'était lui qui profitait du plaisir de fumer une cigarette de plus). Chacun surveille donc autrui et sent le regard de l'autre peser sur sa consommation, davantage que ne le ferait son propre tarif d'assurance.

[34] Nous partageons donc ici les conclusions de Taleb, mais pour des raisons différentes. A mes yeux, ce n'est pas le fait que les probabilités soient mal connues (car il s'agit d'incertitudes ou bien de phénomènes à queue épaisse) qui ruine le raisonnement statistique, mais uniquement la nature aléa de la situation.

Revenons en guise d'exemple à une situation individuelle : vous êtes dans un pays étranger et souhaitez découvrir la cuisine locale. Comment arbitrer entre le risque de tourista et la gargote qui vous tend les plats ? La question n'est pas celle de la probabilité. Même si vous saviez précisément qu'il y a une chance sur trois, disons, de tomber malade, la question serait toujours de savoir si, étant donné le temps dont vous disposez dans le pays et les visites que vous risquez donc de devoir arbitrer, vous souhaitez vous interdire ou non toute découverte locale.

[35] Certes, il semble *a priori* aisé, pour la gestion d'une institution financière, de dissocier les événements de nature plurielle de ceux de nature aléa. Ainsi, pour un assureur

retraite, le décès d'un assuré relève de la pluralité et la découverte d'un vaccin de l'aléa. De même, pour une banque, le défaut de remboursement d'un particulier en *on-going business* relève de la pluralité, et la survenance d'une crise financière ou le défaut d'un pays de l'aléa. Toutefois, il peut exister dans ces activités une porosité entre phénomènes pluriels et phénomènes aléa. Par exemple, en assurance responsabilité civile, si l'assureur est petit, certains accidents de voiture coûtant par exemple 15M€ sont très rares et relèvent de l'aléa alors qu'un accident devrait, de façon générale, relever de la pluralité aux yeux de l'assureur. Pour une banque, il serait délicat de délimiter une frontière entre la marge d'erreur sur le taux de défaut anticipable en régime de croisière, une dégradation de la qualité de la souscription et les conséquences d'une dégradation de la situation macroéconomique (qui pourrait dégénérer en crise). Le fait que certains phénomènes aient ainsi une nature hybride entre pluralité et aléa n'est certes pas une spécificité de l'industrie financière (n'importe quelle entreprise industrielle est ainsi exposée à un continuum d'événements aléatoires entre, d'une part, les risques opérationnels très fréquents qui sont une simple charge venant régulièrement s'imputer au résultat trimestriel tels que des arrêts maladie et, d'autre part, la perte d'un avion de ligne ou d'une plateforme pétrolière), mais le fait que les uns constituent le fuel et les autres le danger lui est plus spécifique.

[36] Qui plus est, les utilisateurs de ces outils sont des acteurs ayant reçu une formation quantitative suffisante pour savoir que des fluctuations de fréquences différentes sont orthogonales, et que les composantes haute et basse fréquence ne sont donc pas miscibles, que les informations sur l'une ne permettent pas de tirer des enseignements sur l'autre.

[37] Gilboa, Postlewaite et Schmeidler (2008), *Probability and Uncertainty in Economic Modelling.*

[38] Camerer (1989), *An Experimental Test of Several Generalized Utility Theories.*

[39] Parmi ces indicateurs, il se trouve que l'espérance a l'immense vertu (outre le fait qu'elle se prête à l'argument « la moyenne prend en compte tous les scenarii envisageables : si j'en change un, la moyenne change ; donc elle capte tout ») d'être linéaire et de permettre ainsi de mener à bien des calculs sans simulation informatique, ce qui est particulièrement appréciable pour pouvoir dérouler des raisonnements théoriques. Ceci explique largement, à mon sens, le fait que tous les avatars de la théorie de l'utilité espérée imaginés depuis son lancement aient continué de considérer l'espérance comme référentiel. Et c'est précisément grâce à cet acharnement à sauver ce concept qu'il a été profondément exploré et qu'on peut aujourd'hui le disqualifier en confiance.

[40] La frontière d'efficience est, en finance, l'ensemble des portefeuilles tels qu'on ne peut pas en trouver un qui soit à la fois « statistiquement plus rentable » et « statistiquement moins risqué ».

[41] Ce type de phénomène de dissolution des responsabilités dans les strates techniques tend à se matérialiser de plus en plus fréquemment, avec le recours à des algorithmes d'aide à la décision. Ainsi, lorsqu'un logiciel indique à un soldat qu'il y a une probabilité X pour que telle cible repérée de l'autre côté du globe par un drone soit un ennemi et lui demande si, sachant cela, il faut tirer, qui prend la décision ? Le « décideur »-soldat qui s'appuie sur la statistique, les « experts »-ingénieurs qui ont codé l'algorithme en choisissant de minimiser les faux positifs plutôt que les faux négatifs ou le contraire, les « experts »-renseignement qui ont constitué la base de données sur laquelle s'appuie le logiciel, le responsable du Pentagone, au moment du tir, l'ex-responsable du Pentagone au moment de la conception du logiciel (qui ne *peut* pas maîtriser cela car

c'est humainement impossible) ? Il est impossible d'identifier un responsable.

[42] Martellini, 2013 : "*There is an interesting discrepancy that exists in the academic literature between the theoretical predictions from standard asset pricing models regarding the risk-return relationship and the results obtained by researchers who have analysed this relationship in equity markets from a purely empirical perspective.*"

[43] *Le Figaro*, 29 octobre 2008, propos de Jean-Pierre Bourguignon recueillis par Yves Miserey (article « Un cas exemplaire de déficit de recherche fondamentale »).

[44] Il n'est que de voir, comment le fait d'imposer ces outils au secteur de l'assurance par les nouvelles réglementations prudentielles a conduit à une bulle sur les actuaires et fait vivre pendant des années les cabinets de conseil.

[45] Le texte original est : « *ce qui a été considéré comme du mouvement [par Zénon et les métaphysiciens] n'est ni changement ni mouvement, [ils] ont retenu du changement ce qui ne change pas et du mouvement ce qui ne se meut pas, [ils] ont pris pour une perception immédiate et complète du changement et du mouvement une cristallisation de cette perception* ».

[46] « *d'ordinaire, nous regardons bien le changement, mais nous ne l'apercevons pas. Nous parlons du changement, mais nous n'y pensons pas. Nous disons que le changement existe [...]: oui, nous le disons et nous le répétons ; mais ce ne sont là que des mots, et nous raisonnons et philosophons comme si le changement n'existait pas. Pour penser le changement et pour le voir, il y a tout un voile de préjugés à écarter, les uns artificiels créés par la spéculation philosophique, les autres naturels au sens commun* ».

[47] Parfois, la théorie financière va au-delà, considérant que tout le monde a les mêmes préférences. C'est par exemple le cas lorsqu'on définit un ratio tel que le ratio de Sharpe, et qu'on affirme que *le* moyen de juger de la qualité d'un investissement ou d'une allocation, c'est de maximiser cette proportion fixée entre un indicateur de rendement commun à tous et un indicateur de risque commun à tous.

[48] Typiquement une aversion plus ou moins forte pour le risque, et une préférence plus ou moins marquée pour le présent par rapport au futur.

[49] *L'Irrésistible ascension de l'argent*, 2008 (trad. 2009, ed. Saint-Simon), p 119.

[50] On peut d'ailleurs craindre le pire quand on observe à quel point cette tendance est à l'œuvre en matière de régulation financière, où les rares pôles qui n'avaient pas encore basculé d'une logique de contrôle (contrôle des actions et des résultats) à une logique de supervision (contrôle des processus) sont en train de le faire. Les autorités de contrôle deviennent des contrôleurs de la qualité du contrôle interne… qui lui-même contrôle la qualité d'application des processus. Elles deviennent des contrôleurs de la qualité de la gouvernance, c'est-à-dire du processus de décision, et non de la qualité de la décision elle-même.

[51] Un amalgame est souvent fait entre « probabilité faible » et « impossibilité », mais il s'agit d'un amalgame non assumé par le décideur. Prenons deux exemples : un expert avait indiqué à des décideurs que tel événement avait une chance sur cent de se produire et il s'est produit : les décideurs ont considéré que l'expert s'était trompé car cela n'aurait pas dû arriver. Dans leur subconscient, 1/100 avait été catégorisé comme un « Impossible ». Ainsi, une modélisatrice me raconte qu'après l'ouragan Katrina qui avait dévasté la Nouvelle-Orléans, les éditeurs de logiciels de simulation de tempêtes ont dû revoir leurs modèles car ceux-ci n'envisageaient pas qu'un tel ouragan puisse arriver, ou alors avec une période de retour de mille ans. Je lui fis remarquer qu'une période de retour de mille ans n'était en rien contradictoire avec le fait que cela se produise. Elle me répondit qu'effectivement, ce n'était pas contradictoire, sauf si cela se produisait deux fois de suite. Mais si au lieu de *mille* elle m'avait dit au départ un *million*, nous aurions pu avoir exactement la même discussion.

[52] Ceci rejoint la position de Taleb (op.cit.) qui affirme qu'il faut se concentrer sur les conséquences des événements plutôt que sur leur probabilité. Toutefois, Taleb considère que c'est parce qu'on ne peut pas connaître les probabilités des événements rares alors que nous considérons que c'est parce que, dès lors que nous souhaitons considérer leur survenance comme envisageable, leur probabilité est sans importance. En outre, nous considérons qu'il faut au préalable avoir procédé à une catégorisation des événements suivant une dichotomie à la Solé.

[53]. Par exemple, si la France fait défaut sur sa dette, il est peu probable qu'on reproche au dirigeant d'une compagnie d'assurance française la faillite qui s'ensuivrait. De ce point de vue, il peut choisir délibérément de considérer comme négligeable un défaut de l'Etat français.

[54] *Le Cygne noir*, 2010, ed. Les Belles Lettres, p 276.

[55] Dans l'épure théorique, les conséquences acceptables et la classification des scenarii comme Possibles ou Impossibles sont deux décisions hermétiquement disjointes et indépendantes. Toutefois, tout comme, lorsqu'on impulse un changement ou bâtit une stratégie, il peut apparaître une rétroaction des objectifs qu'on se fixe vers les moyens dont on dispose, les seconds ne déterminant pas unilatéralement les premiers suivant une logique comptable, de même des allers retours peuvent ici générer le cas échéant une révision de la notion de « conséquences acceptables ».

[56] Ce à quoi portent les nouvelles réglementations financières avec leurs exigences fondées sur la VaR.

[57] *L'Action humaine* (1949, tr. 1985, PUF, ch. VI).

[58] Au niveau macro, le caractère à la fois techniquement arbitraire et inapproprié à des fins prudentielles des calibrages appelle à leur réappropriation par les politiques pour les réintégrer dans des arbitrages macroéconomiques plus globaux articulant aux enjeux prudentiels ceux de

financement de l'économie et de développement de certaines branches.

[59] « peut-on imaginer que suivant les critères actuellement retenus, celui qui aurait vendu il y a trois ans ses actions Apple afin d'acheter de la dette grecque serait exemplaire selon les thuriféraires de la [réglementation] ». *L'argus de l'assurance* n°7281, 21 septembre 2012, p17.

Revue « Marché et Organisations »
L'Harmattan

Cahiers d'économie et de gestion thématiques dont le but est de promouvoir la recherche originale sur les relations de plus en plus étroites qui se tissent entre le marché et les organisations. Les acteurs économiques de taille, de puissance et de pouvoir différents dont les intérêts peuvent être convergents, complémentaires ou, le plus souvent, antagoniques, ont tendance à organiser les marchés. La raison du marché, pourtant, est la référence stratégique pour l'entreprise ainsi que pour les institutions publiques de décision économique.

Numéros parus :

N°1 : Artisanat. La modernité réinventée, 2006
N°2 : La petite entreprise, elle a tout d'une grande. De l'accompagnement aux choix stratégiques, 2006
N°3 : Tourisme et Innovation. La force créative des loisirs, 2007
N°4 : Le travail. Formes récentes et nouvelles questions, 2007
N°5 : Les universités et l'innovation. L'enseignement et la recherche dans l'économie des connaissances, 2007
N°6 : Entrepreneuriat et accompagnement. Outils, actions et paradigmes nouveaux, 2008
N°7 : Développement durable des territoires. Economie sociale, environnement et innovations, 2008
N°8 : Développement durable et responsabilité sociale des acteurs, 2009
N°9 : Gouvernance : exercices de pouvoir, 2009
N°10 : Le travail collaboratif. Une innovation générique, 2009
N°11 : Economie sociale et solidaire. Nouvelles trajectoires d'innovations, 2010
N°12 : Relations à la marque et marques de la relation. Regards croisés sur le management relationnel de la marque, 2010
N°13 : Les contrats au service de la recherche ?, 2011
N°14 : Le potentiel économique de l'Afrique subsaharienne, 2011
N°15 : Management de la distribution, 2012
N°16 : Territoire Vert. Entreprises, Institutions, Innovations, 2012
N°17 : Eco-conception, conception et innovation. Les nouveaux défis de l'entreprise, 2013
N°18 : Intelligence économique : entreprises et territoires, 2013
N°19 : La finance globale. Un monde fini, 2013
N°20 : La crise du « développement », 2014
N°21 : La Chine innove. Politiques publiques et stratégies d'entreprise, 2014
N°22 : Go East! Nouvelles Economies de Marché, 2015
N°23 : L'économie du changement, 2015
N°24 : Le temps des artisans. Permanences et mutations, 2015
N°25 : Innovations de proximité et esprit d'entreprise, 2016
N°26 : L'avenir des économies du Maghreb : entre inertie structurelle et envie de rupture, 2016/3 (n° 27)
N°27 : Le sport aux frontières du marché du travail, 2016
N°28 : Dynamiques internationales des entreprises, 2017
N°29 : L'univers du risque, 2017
N°30 : Les petites entreprises dans l'histoire industrielle, 2017
N°31 : Economie sociale et *social business* ? Au défi d'entreprendre et se financer, 2018
N°32 : Éducation et fertilisation des économies africaines, 2018

Collection « L'esprit économique »

fondée par Sophie Boutillier et Dimitri Uzunidis en 1996
dirigée par Sophie Boutillier, Blandine Laperche, Dimitri Uzunidis

Dernières parutions

► ***Série Economie et Innovation***
S. MAHREZ, La division cognitive du travail dans le capitalisme postfordiste, 2016.
M.-J. POLLET-VILLARD, *L'innovation dans les services. cadre d'une analyse dynamique fondée sur les réseaux*, 2017.
B. CHRISTOPHE, *La décroissance écologique transforme l'entreprise*, 2017.
G. ACHERMANN, *Territoires d'innovation en Russie, Ambitions et contraintes d'une politique de clusterisation*, 2018.
C. ABDOU LAHAD THIAW, *Innovation localisée pour le développement économique du Sénégal*, 2018.
N. ANIDO FREIRE, *Tradition et innovation : de l'opposition à la complémentarité*, 2018.
► ***Série Le Monde en Question***
W. AMEDZRO St-HILAIRE, *Le capital global et sa régulation*, 2014.
W. AMEDZRO St-HILAIRE, *Reconstruire l'Afrique. Nouvelle gouvernance et projet de développement*, 2014.
M. SANTI, *Misère et opulence. Chroniques d'austérité globalisée*, 2015
J.-M. BOUSSARD, *Les prix agricoles. Nouveau dialogue sur le commerce des bleds*, 2017
C. BASTIDON, O. GBAGUIDI A. GHOUFRANE, A. SILEM (dir.), *Commerce, investissement et développement durable en Afrique*, 2017.
L. BOURQUIN, *Europe 3.0 : le grand réveil*, 2017.
A. ROSOWSKY, *De l'économie de pillage a la société désagrégée, un essai sur la révolution thatchérienne*, tomes 1 & 2, 2017.
► ***Série Krisis***
A. MARQUEZ-VELASCO, *Politique et économie. 10 mesures phares pour un monde meilleur*, 2015.
R. GOODFELLOW, *Le cycle des crises aux États-Unis depuis 1929. essai de systématisation de la conjoncture*, 2016.
M. LAUDET, *Aux origines de l'économie politique : Antoine de Montchrestien et son « traicte de l'oeconomie politique »*, 2016.
J. HUERTA DE SOTO, *La théorie de l'efficience dynamique*, 2017.
Y. LEVANT, S. TREBUCQ, *Théorie comptable et sciences économiques du XVe au XXIe siècle, mélanges en l'honneur du professeur Jean-Guy Degos*, 2018.
M. WIELEZYNSKI, *Retour sur l'origine du profit : et si l'économie changeait de paradigme…*, 2018.
► ***Série Clichés***
S. BOUTILLIER, D. UZUNIDIS (dir.), *La Russie européenne. Du passé composé au futur antérieur*, 2008.
R. VOLPI, *La négociation. Pain, paix, liberté*, 2009.
► ***Série Cours Principaux***
P. BOUVIER-PATRON, *Economie et management de l'entreprise innovante. Réseaux, territoire et développement durable*, 2014.
J. KIAMBU, *Eléments d'analyse économique*
J.-P. MOCKERS, *Court traite d'économie et de politique économique*, 2016.
P.-Y. CARASCO, Prix de transfert et stratégies d'optimisation fiscale de la firme multinationale, 2017.
O. ESNEU, *Fondements de droit. Manuel d'initiation*, 2018.
B. LANDAIS, *Les fluctuations économiques, une synthèse nouvelle*, 2017.
► ***Série L'économie formelle***
J. BERNARD, *La croissance. 10 points cruciaux*, 2013.
P.-A. LAMBERT, *Le temps de la rigueur. Fiscalité, protection sociale, mondialisation*, 2014.
F. BISMANS, *La grande récession : un autre regard sur des temps troubles (2007-2013)*, 2016.
B. SCHWENGLER, *De l'inflation à la dette publique : analyse des discours politiques*, 2016.
S. PARK, *Les abus de puissance économique dans les relations commerciales déséquilibrées*, 2018.

Structures éditoriales du groupe L'Harmattan

L'Harmattan Italie
Via degli Artisti, 15
10124 Torino
harmattan.italia@gmail.com

L'Harmattan Hongrie
Kossuth l. u. 14-16.
1053 Budapest
harmattan@harmattan.hu

L'Harmattan Sénégal
10 VDN en face Mermoz
BP 45034 Dakar-Fann
senharmattan@gmail.com

L'Harmattan Cameroun
TSINGA/FECAFOOT
BP 11486 Yaoundé
inkoukam@gmail.com

L'Harmattan Burkina Faso
Achille Somé – tengnule@hotmail.fr

L'Harmattan Guinée
Almamya, rue KA 028 OKB Agency
BP 3470 Conakry
harmattanguinee@yahoo.fr

L'Harmattan RDC
185, avenue Nyangwe
Commune de Lingwala – Kinshasa
matangilamusadila@yahoo.fr

L'Harmattan Congo
67, boulevard Denis-Sassou-N'Guesso
BP 2874 Brazzaville
harmattan.congo@yahoo.fr

L'Harmattan Mali
Sirakoro-Meguetana V31
Bamako
syllaka@yahoo.fr

L'Harmattan Togo
Djidjole – Lomé
Maison Amela
face EPP BATOME
ddamela@aol.com

L'Harmattan Côte d'Ivoire
Résidence Karl – Cité des Arts
Abidjan-Cocody
03 BP 1588 Abidjan
espace_harmattan.ci@hotmail.fr

L'Harmattan Algérie
22, rue Moulay-Mohamed
31000 Oran
info2@harmattan-algerie.com

L'Harmattan Maroc
5, rue Ferrane-Kouicha, Talaâ-Elkbira
Chrableyine, Fès-Médine
30000 Fès
harmattan.maroc@gmail.com

Nos librairies en France

Librairie internationale
16, rue des Écoles – 75005 Paris
librairie.internationale@harmattan.fr
01 40 46 79 11
www.librairieharmattan.com

Lib. sciences humaines & histoire
21, rue des Écoles – 75005 Paris
librairie.sh@harmattan.fr
01 46 34 13 71
www.librairieharmattansh.com

Librairie l'Espace Harmattan
21 bis, rue des Écoles – 75005 Paris
librairie.espace@harmattan.fr
01 43 29 49 42

Lib. Méditerranée & Moyen-Orient
7, rue des Carmes – 75005 Paris
librairie.mediterranee@harmattan.fr
01 43 29 71 15

Librairie Le Lucernaire
53, rue Notre-Dame-des-Champs – 75006 Paris
librairie@lucernaire.fr
01 42 22 67 13

www.ingramcontent.com/pod-product-compliance
Lightning Source LLC
LaVergne TN
LVHW021222061026
849535LV00008B/2871

* 9 7 8 2 3 4 3 1 5 2 1 6 5 *